PLAIDOYÉ

POUR M. L'EVESQUE DE SOISSONS, Pair de France, Intimé.

CONTRE *Joseph-Jean-François Elie Levy, ci-devant Borach Levy, Juif de Nation, Appellant comme d'abus.*

AVERTISSEMENT.

LA question que présente l'appel de Levy, étant une des plus importantes de notre droit public, & donnant lieu d'examiner quelle a été la Doctrine & de Jesus-Christ & de l'Apôtre, sur le lien du mariage ; le Défenseur de M. l'Evêque de Soissons, avoit eu l'attention d'écrire la plus grande partie de son Plaidoyé. C'est une précaution qu'il a jugée nécessaire, dans une matiére sur laquelle on ne peut être trop exact, même dans les termes. C'est ce Plaidoyé que l'on donne au Public, qui a paru s'intéresser à la décision de la cause. On se flatte que Messieurs les Juges voudront bien permettre qu'il tienne lieu de Mémoire : Ce n'est point ici une de ces questions dans lesquelles on craint de fatiguer leur attention : Celle qu'ils ont donnée à la cause, prouve combien ils l'ont jugée digne de l'examen le plus religieux : Cette matiére est telle, qu'un traité où elle seroit exactement discutée, pourroit être long sans être diffus, & occuper long-tems le Lecteur, sans cesser de l'intéresser.

PLAIDOYÉ

POUR M. l'Evêque de Soissons, Pair de
France, Intimé.

CONTRE *Joseph-Jean-François* ELIE LEVY,
ci-devant BORACH LEVY, *Appellant comme*
d'abus.

MESSIEURS,

A Sentence de l'Officialité de Soiſſons,
dont l'Appel comme d'abus eſt ſoumis à
la déciſion de la Cour, a jugé conformément aux Loix de l'Etat & de l'Egliſe,
que le lien d'un mariage légitime, indiſſoluble par ſa nature, étoit abſolument indé-
pendant de cet engagement ſpirituel, que l'on contracte
dans le S. Baptême avec l'Egliſe dont on devient membre.

Que le bandeau qui couvroit les yeux de Levy ſe ſoit
déchiré ; qu'éclairé par les lumiéres de la Foi, il ait acquis
des droits à cette patrie inviſible, vers laquelle l'Egliſe
s'avance ſans ceſſe ; ce bienfait ineſtimable doit animer

A ij

fa reconnoiſſance ; il doit être le principe éternel de ſa joie.

Mais ſi ce Néophite eſt inſtruit des premiers élemens de la Religion ſainte qu'il profeſſe, il a dû apprendre que, toute ſpirituelle, elle borne ſa fin à la ſanctification des ames. Le Légiſlateur divin qu'il a fait vœu d'écouter, n'eſt point venu jetter le trouble dans la ſociété. Son miniſtere n'a point délié les hommes des ſermens qu'ils avoient faits à leur Prince, à leur Patrie, à leurs Epouſes, à leurs Maîtres. Il a ſanctifié ces nœuds ; il ne les a point rompus. Sa religion a perfectionné les devoirs que la nature nous dictoit ; elle n'en a retranché aucuns. Aux obligations que nous impoſoient les loix, elle a joint des motifs qui nous les ont rendües encore plus inviolables. En un mot, la grace que le Reparateur a repandüe ſur la terre, n'en a renouvellé la face, qu'en faiſant diſparoître les vices qui la couvroient : les cœurs ont été changés, les mœurs épurées ; & voilà le ſeul changement que Dieu ait voulu opérer par la prédication de l'Evangile.

Telles ſont, Meſſieurs, les maximes précieuſes que M. l'Evêque de Soiſſons vient défendre à votre Audience : l'expoſition de ces grandes vérités ſied bien dans la bouche d'un Evêque.

Son Official a-t-il franchi ces bornes ſacrées qui ſéparent le Miniſtére Eccléſiaſtique de la Puiſſance Civile ? S'eſt-il écarté des Loix publiques ? A-t-il enfreint quelques-uns de ces Canons reſpectables, adoptés par les Ordonnances de nos Rois, ou ſuivis par votre Juriſprudence ? Vous avez entendu, Meſſieurs, les moyens de notre Adverſaire. Son ſyſtème n'a pour baſe que l'opinion de quelques Théologiens, égarés par une interprétation fauſſe de l'Apôtre S. Paul, dont la Doctrine mieux entendüe par les Peres, & parfaitement conforme à celle de Jeſus-Chriſt, va devenir elle-même l'appui de ma défenſe.

Mais a des ſuffrages plus anciens & plus reflechis que ceux qui m'ont été oppoſés, M. de Soiſſons ajoûtera ces principes lumineux du droit naturel, auxquels la révélation nous a ramenés, & dont l'homme ne peut s'écarter dans aucun cas. On a inventé un fyftème brillant pour juftifier des opinions; je vous developperai des maximes folides & immuables; & les autorités que je vous citerai n'en feront que les conféquences les plus naturelles.

Dans une caufe de cette importance, Meffieurs, je ne veux mettre dans la balance de la Juftice que des raifons & non des faits. Je me contenterai donc de vous dire, que Levy né dans la Religion Juive à Haguenau en Alface, & appartenant aux Juifs les plus diftingués de la Province, époufa il y a environ 20 ans Mendel-Cerf, dont il a eu deux filles.

Son mariage fut valablement contracté felon le rit de la Synagogue, & par conféquent conformément aux Loix de l'Etat, qui en permettant aux Juifs de s'établir & de commercer en Alface, ont reconnu la légitimité de leur mariages.

Levy avoit 31 ans lorfqu'il vint à Paris au mois de Mars 1751; il prétend qu'il y fut attiré par un procès; mais je craindrois de ternir la majefté de cette Audience, fi je vous rappellois la conduite indécente par laquelle il fembloit annoncer dès-lors la tentative fcandaleufe, dont il ofe encore efperer le fuccès.

Quelques efforts qu'il ait faits dans un Mémoire qu'il fit publier en 1752, pour diminuer s'il étoit poffible (a)

____

(a) On voit dans ce Mémoire, que l'ami & le guide de ce Cathécumene étoit un Prêtre Allemand, qui deshonoroit fon miniftere par le fcandale de fes mœurs. Levy & lui n'eurent long-tems qu'une feule chambre dans la Communauté de Ste Marguerite. C'eft Levy lui-même qui nous apprend qu'ils firent l'un & l'autre connoiffance avec une fille qu'ils trouverent chez une femme dont ils n'indiquent point le métier; qu'il eut alors quelque envie d'époufer cette fille, parce qu'on lui avoit dit que fon Baptême romproit fon premier engagement; que dans cette intention, le Prêtre & lui la mirent; *par forme d'entrepôt*, dans un cabaret grande rue du Fauxbourg S. Antoine, qu'ils la firent enfuite entrer dans une Communauté, où le Prêtre s'engagea de payer fa penfion; mais qu'enfuite s'étant apperçus que cette fille étoit une proftituée, ils lui donnerent fon congé.

Peu de tems après, un Tapiffier vint enlever les meubles du Prêtre; Levy & lui louerent deux chambres à la Raquête. Dans ces deux l'impreſſion que ſes mœurs avoient faite ſur le public ; on n'y apperçoit que trop bien les véritables & juſtes motifs qui engagerent alors M. l'Archevêque, non à lui refuſer le Baptême, mais à exiger de lui des épreuves plus longues, & une vie plus réguliere.

Levy eut alors recours à l'intrigue ; il ſe flatta d'intéreſſer en ſa faveur beaucoup de cœurs droits & un plus grand nombre d'eſprits foibles. Rien n'étoit moins abſolu que le refus de M. l'Archevêque. Ce Juif eut l'art de s'en faire un mérite, dans des circonſtances malheureuſes, où le ſeul mot de *vexation arbitraire* ſuffiſoit pour allarmer tous les eſprits. Il ſe donna pour un proſélyte abandonné de tout le monde, & à qui des cœurs barbares fermoient l'entrée de l'Egliſe. Il crut ſe faire un nom en excitant des troubles. C'étoit peu pour lui, de ſe revolter contre des Paſteurs qu'il auroit dû regarder comme ſes guides ; il fut aſſez hardi, Meſſieurs, pour oſer tendre un piége à votre religion.

Il s'adreſſa à deux de nos Confreres * auſſi recommandables par leurs talens que par la droiture de leur cœur.

* MM. Pothouin & Travers.

chambres logerent le Cathécumene, ſon guide, cette même femme chez qui ils avoient pris la fille de *l'entrepôt*, & avec elle une autre petite fille à qui Levy ne donne que neuf ans.

Le déreglement de ce Prêtre ſcandaleux ayant éclaté, le ménage fut rompu ; mais on retrouve enſuite & le maître & le diſciple dans une auberge ſur la Parroiſſe S. Severin. Là le Juif n'édifia pas d'avantage qu'il l'avoit fait dans ſes premiers domiciles. Il en changea encore, & vint loger chez un Limonadier dans la rue de Tournon. Il ſe fit préſenter au Curé de S. Sulpice, qui, trompé par le témoignage d'un Jacobin, à qui Levy avoit déguiſé ſa conduite, fixa le jour de ſon Baptême au Samedi Saint de l'année 1752. Le Curé de S. Sulpice engagea même feu M. le Duc de Chatillon & Madame la Marquiſe de Roſen, à lui ſervir de Parein & de Mareine. Dans cet intervalle, les déſordres de Levy vinrent à la connoiſſance de ce Paſteur religieux. Il crut devoir examiner plus attentivement le proſélyte, & fit part de ſes doutes à M. l'Archevêque.

Ce Prélat conſulta ceux de ſes Coopérateurs ſur les Paroiſſes de qui Levy avoit vécu. On ſuivit toutes ſes traces : il fut décidé qu'il falloit encore exiger quelque tems d'épreuve de ce Cathécumene ſuſpect. Voilà en peu de mots l'hiſtoire de ce Juif, priſe dans ſes propres Mémoires.

Il n'eut garde de leur expofer avec franchife les véritables motifs qui avoient déterminé les Pafteurs à prolonger le tems de fon Cathécumenat. Il fuppofa leur refus indéfini, & demanda quelle étoit la voie juridique qui pouvoit faire ceffer l'oppreffion.

Mais ce qui n'échappa point à la pénétration des Jurif-confultes, ce fut le defir fecret qu'il avoit de rompre les nœuds, qui l'attachoient à Mendel-Cerf fa légitime époufe: ils crurent devoir s'affurer des difpofitions de celui qui les confultoit: que fit-il? Il les trompa par une déclaration fauffe, dont il faut vous faire lecture dans la confultation même qui lui fut donnée.

Le Confeil fouffigné.... après avoir pris lecture defdites Confult. p. 19.
pièces, & que Borach Levy a de vive voix ajouté, que fon intention préfente, en recevant le Baptême qu'il defire, eft de ne point prendre de femme autre que Mendel-Cerf, tant que Dieu qui la lui a fait époufer dans la religion Juive, lui accordera la grace & la fatisfaction de la lui confer-ver, &c.

Pourquoi exigea-t'on de Levy cette déclaration, finon parce que l'on croyoit pouvoir deviner fes difpofitions? Il vous dira qu'il ne parloit alors que de fon intention *préfente*, & je conviens qu'il a eu foin d'ajouter ce mot. Mais l'ufage qu'il fait du fubterfuge, prouve qu'il a voulu dès-lors fe le préparer, & n'eft certainement point un in-dice de fa fincerité.

Quoi qu'il en foit, Meffieurs, les Jurifconfultes éclairés qu'il confulta, non-feulement chercherent à fe raffurer par ce témoignage qu'ils lui demanderent, mais voulurent l'affermir encore dans la réfolution où ils le crurent; & quoiqu'ils ne puffent confulter que fur les moyens de lui procurer le Baptême, ils crurent devoir lui prouver dans leur confultation, (*a*) que fon engagement avec Mendel- (*a*) pag. 58. Cerf étoit indiffoluble.

Cette confultation, Meffieurs, eft du 15 Mai 1752. Levy fit en conféquence des fommations au Curé de S. Sulpice. Il fit plus; il effaya plufieurs fois de faire dénon-cer aux Chambres de la Cour affemblées, le prétendu refus qui lui étoit fait. Votre prudence, Messieurs, démêla ses artifices. Vous fûtes instruits des faits ; l'illustre Magistrat qui veille sous vos yeux au maintien de l'ordre public, ne vit dans la conduite des Pasteurs que l'observation la plus exacte des saintes régles. Ce Juif qui s'étoit flatté d'allumer le flambeau d'une nouvelle division, rentra dans le néant & fut oublié.

Depuis le mois de Mai 1752 jusqu'au mois d'Août suivant, j'ignore absolument qu'elle a été sa conduite. Je veux croire, Messieurs, qu'il a réformé ses mœurs & pleuré ses fautes. Je ne supposerai pas que le Pasteur respectable qui lui a enfin administré le Baptême le 10 du mois d'Août 1752, ait été imprudent ou téméraire : il a agi suivant les lumieres de sa conscience ; il a usé d'un droit qu'il tient de Dieu même.

Mais ce que je dois vous observer, Messieurs, c'est que ce Curé fut lui-même trompé. Levy lui remit la consultation du 15 Mai, dans laquelle étoit consignée & la déclaration dont je vous ai parlé, & la décision sur l'indissolubilité du mariage. Il renouvella la promesse qu'il avoit faite de conserver sa légitime épouse, & de ne jamais songer à contracter un nouvel engagement tant que Mendel-Cerf seroit vivante. Il chercha à dissiper les soupçons que sa conduite avoit fait naître. Il rendit un second hommage à la maxime précieuse de l'indissolubilité, qui lui étoit attestée par ses guides.

Aujourd'hui, Messieurs, il paroît avoir oublié ces principes inaltérables. Anne Thevard avec qui il a fait connoissance depuis trois ans, est domestique d'une femme respectable par sa piété : tout commerce est impossible s'il n'est précédé d'un mariage légitime : Levy a donc cherché à rompre des nœuds qu'il n'avoit jusques-là que profanés. Et voici, Messieurs, la route qu'il a prise.

Le 13 Mai 1755, sommation faite à Mendel-Cerf par le ministere d'un Huissier. Il ne prend pas la peine d'aller lui-même chercher à regagner ce cœur aigri, & dont la tendresse étoit si bien peinte dans les lettres qu'il avoit reçues : Levy somme sa femme de se convertir, & de venir

nir le rejoindre ; ainsi la conversion de Mendel-Cerf est une condition qu'il impose lui-même à leur réunion : il ne veut revoir sa femme que Chrétienne.

Mendel-Cerf aveuglée par l'erreur, mais trop sincere pour feindre une conversion qui n'eût point été l'ouvrage de la grace, ne pouvoit répondre à la sommation que comme elle l'a fait.

Le 2 Octobre suivant, nouvelle sommation : dans celle-ci on n'interpelle plus Mendel-Cerf de se convertir, mais simplement de venir rejoindre son mari. Pour cela on lui donne seulement 24 heures ; & cette femme tendre qui lui mandoit dans une lettre que lui-même a fait imprimer, *jamais jeune femme n'a eu tant de malheur que moi, mais Dieu qui me l'envoye y mettra fin ; je mets toute ma confiance en lui, & me flatte qu'il ne m'abandonnera point. Borach, mon cher Borach, ayez pitié de moi. Ne manquez pas de m'écrire, ou plutôt DE REVENIR ; l'excès de ma douleur me fait finir ma lettre, & peut-être ma vie ;* cette Juive qui s'exprimoit dans des termes si doux & si passionnés, ne reçoit au bout de deux ans des nouvelles de son mari Chrétien, que par la sommation d'un Huissier. Est-il étonnant, Messieurs, qu'elle ait encore alors persisté dans le refus qu'elle a fait de le suivre, & dont elle donne sans cesse pour motif son attachement à sa Religion ?

Muni de ce nouveau refus si souhaité, & que peut-être il eût été si facile de vaincre, Levy s'est pourvu en l'Officialité de Strasbourg ; & le 7 Novembre 1754, sentence par défaut, qui au lieu d'ordonner que Levy sera tenu de se transporter chez sa femme, de conférer avec elle amiablement en présence de quelque ami commun, en un mot au lieu de prescrire à ce nouveau Converti des démarches que la charité devoit lui dicter, si l'amour conjugal étoit éteint dans son cœur, le déclare libre de ses liens, & lui permet de contracter un autre engagement.

Cette sentence du 7 Novembre 1754, sentence qui n'échappera point sans doute à la vigilance du ministere public, ne fut point signifiée à Mendel-Cerf : elle eût reveillé dans ce cœur sensible des mouvemens naturels, &

toujours payés d'ingratitude. Levy craignoit encore la tendreffe de fon époufe: Il attendit près d'un an; & fachant fa femme abfente de Haguenau, il faifit ce moment pour faire fignifier le 23 Août 1755, le barbare decret de diffolution à Mendel-Cerf, mais abfente & au domicile de fa mere; celle-ci obftinément attachée au Judaïfme, plus irritée que fa fille contre les défordres de fon gendre, & n'ayant à livrer aucuns combats à la tendreffe de fon cœur, répondit que Mendel-Cerf perfiftoit dans fon refus.

Une obfervation importante, Meffieurs, c'eft que dans les fommations de Levy, dans fes requêtes, & même dans la fignification de la fentence de Strafbourg, faité le 23 Août 1755, ce Juif prend la qualité de *Négociant à Paris*, où réellement il avoit fixé fon domicile, quoiqu'il paffât une partie de fon tems à Villeneuve-fur-Bellot dans le Diocèfe de Soiffons, chez la Dame de Mauroi maîtreffe d'Anne Thevard.

Mais dans l'intervalle de tems qui s'écoula entre la Sentence de l'Officialité de Strafbourg & la fignification du 23 Août 1755, dans laquelle Levy prend la qualité de domicilié à Paris; il fit au Curé de Villeneuve-fur-Bellot, une fommation de publier les bans de fon mariage avec Anne Thevard. Dans cette fommation qui eft du 13 Juin 1755, il prend la qualité de domicilié à Villeneuve-fur-Bellot, & déclare qu'il a *une intention réfléchie, de fixer fubordonnément à la providence, fon domicile audit Villeneuve-fur-Bellot*.

Voilà, Meffieurs, le prèmier acte de domicile que Levy ait fait fur cette Paroiffe: on voit même que cette volonté de s'établir dans ce village n'eft point ftable; il en a bien l'intention, mais c'eft *fubordonnément* à la Providence, & la Providence en a difpofé autrement, puifque trois mois après & le 25 Août, il prend la qualité de *Négociant à Paris*.

Le Curé n'ayant pas fatisfait à cette fommation, fut affigné à l'Officialité de Soiffons le 30 Juin, & s'en rapporta à juftice, en propofant neanmoins fes moyens de défenfe tirés de l'indiffolubilité du premier mariage.

La queftion, Meffieurs, parut embarraffante à l'Offi-

cial & au Promoteur de Soiſſons. Il s'agiſſoit ou de fou-
ler aux pieds les principes, ou de s'écarter de l'opinion de
quelques Canoniſtes reſpeɕables : le Promoteur trouva, dans
la ſignification du 25 Août, un moyen ſûr d'éluder ce
choix délicat. Levy s'étoit dit le 25 Août 1755 domicilié
à Paris ; & par Sentence du 4 Septembre ſuivant, il fut
par conſéqnent très-juſtement déclaré non-recevable *quant
à préſent*, & condamné aux dépens.

Levy prétend avoir fait une troiſiéme ſommation à ſa
femme le 15 Octobre 1755 : mais alors le projet du ſecond mariage avoit éclaté ; Mendel-Gerf connoiſſoit les
nouveaux feux de ſon mari ; eſt-il étonnant qu'elle ait refuſé
de ſuivre un époux perfide, dans le tems qu'il faiſoit tous
ſes efforts pour contraɕer un engagement adultere ?

Enfin le 17 Janvier 1756, il préſenta à l'Officialité de
Soiſſons une nouvelle requête : la fin de non-recevoir tirée du domicile ſubſiſtoit encore ; mais l'Official avoit eu
le tems de s'inſtruire des vrais principes de la matiere.
M. de Soiſſons avoit conſulté ſur la queſtion les Magiſtrats, les Théologiens, les Juriſconſultes les plus éclairés :
les Loix ſur l'indiſſolubilité du mariage leur avoient paru
préférables à l'opinion de quelques Doɕeurs. L'Official de
Soiſſons déclara Levy non-recevable dans ſa demande par
un jugement contradiɕoire du 5 Février 1756.

C'eſt de cette Sentence qu'il eſt appellant comme d'a-
bus ; & quels efforts n'a-t-on point faits à votre Audience
pour la mettre en contradiɕion avec les autorités les plus
reſpeɕables ? Si le feu du génie, ſi la nobleſſe des idées
& la richeſſe de l'expreſſion, pouvoit décider du ſort de
notre cauſe, je deſeſpererois de vaincre ; & ma défaite ne me
laiſſeroit que la conſolation d'avoir du moins dreſſé les
trophées d'un jeune athlete, auſſi digne des applaudiſſe-
mens du public par ſes talens, que de la tendre eſtime de
ſes confreres par les ſentimens de ſon cœur. Mais les grandes vérités que je vais défendre, deſtinées à triompher des
forces du préjugé, n'ont rien à craindre de celles de l'élo-
quence : les armes avec leſquelles je dois vous combattre
ne ſeront point *parées de fleurs* ; mais j'éleverai contre

B ij

vous un mur de maximes & de principes, contre lequel viendra toujours se briser le torrent des opinions.

J'envisage d'abord ma cause sous une premiere vûe générale, & rélativement à sa nature : C'est un appel comme d'abus que vous venez soutenir ; & je demande avec étonnement quel est donc l'abus que l'on reproche à la Sentence de l'Officialité de Soissons.

Nous ne connoissons, Messieurs, que deux genres d'abus dans les Jugemens Ecclésiastiques : l'un est l'entreprise sur la puissance civile ; l'autre une contravention aux Ordonnances du Royaume, parmi lesquelles je range les saints Canons dont nos Loix ont adopté les dispositions.

Ici reproche-t-on à l'Official de Soissons quelqu'entreprise sur la Jurisdiction séculiere ? Loin de l'accuser d'avoir voulu s'arroger un droit qu'il n'avoit point, vous êtes réduit à vous plaindre de ce qu'il n'a point fait usage de celui qu'il vous plaît de lui attribuer : Les Loix de l'Etat ont donné à Levy une femme légitime. Cette union est sous la protection de la puissance civile : l'Official a cru devoir la respecter. Il a cru qu'où le nœud du mariage étoit impossible, l'administration du Sacrement eût été une profanation. Ainsi loin de franchir la borne, il n'a pas même été, selon vous, jusqu'où il pouvoit aller ; il n'a donc point abusé de son pouvoir *par entreprise*.

En a-t-il abusé *par contravention* ? Citez-moi donc l'Ordonnance qu'il a violée. Montrez-moi la Loi dont il s'est écarté : vous m'alleguez un usage. Mais 1°. vous ne produisez aucun monument de cet usage : 2°. Il est question même de savoir si cet usage n'est point un abus. 3°. Enfin un usage ne peut jamais être une Loi, ni donner lieu à accuser d'abus de son pouvoir, le Ministre qui ne s'y est pas conformé. Vous me citez un passage de S. Paul, & l'interprétation que quelques Docteurs particuliers lui ont donnée. M. de Soissons est votre Evêque : il a droit de vous enseigner ; c'est de lui que vous devez apprendre, & le véritable sens des Textes sacrés, & la tradition de l'Eglise. N'a-t-il pas droit d'interpréter ce passage que vous lui opposez ? Le sens qu'il lui donne exactement conforme à la lettre de S. Paul, eſt de plus conforme aux principes de la Loi naturelle & à la parole de Jeſus-Chriſt même. Mais en un mot, quelle que ſoit ſon interprétation, vous ne la trouvez condamnée ni réprouvée par aucune Loi du Royaume. Eh quoi! parce que j'aurai préféré à l'interpré-tation de S. Thomas, d'Eſtius & de Baſile Ponce, celle de S. Auguſtin, de S. Jerôme, de Théophilaſte, du Cardinal Caietan, & du fameux Dominique Soto, vous viendrez prétendre que, dans une matiere telle que celle-ci, j'ai abuſé de la puiſſance Eccléſiaſtïque? Oui, Meſſieurs, dès qu'il n'y a point de Loi formelle qui décide que l'on doit accorder une autre femme au Juif Néophite, déja lié par un mariage ſubſiſtant, le refus que l'Official a fait de ſe con-former à l'avis des Théologiens qui l'ont permis, pour ſui-vre celui des Peres qui l'ont défendu, ne peut jamais don-ner lieu à un appel comme d'abus: Que l'appel ſimple ſoit donc votre reſſource; j'y conſens: mais je n'ai point abuſé de mon pouvoir, tant que vous n'avez que des opinions à m'oppoſer.

Cette premiere réflexion, Meſſieurs, ſeroit ſeule déciſive: mais je vais plus loin, & je ſoutiens qu'indépendamment de la Loi naturelle & divine de l'indiſſolubilité de votre pre-mier mariage, j'en avois une de droit poſitif, qui ſuffiſoit pour vous faire declarer non-recevable. Je ſoutiens que ſi j'euſſe déféré à votre demande, le jugement que j'euſſe rendu eût été lui-même abuſif. Vous ne vous êtes adreſſé à l'Official de Soiſſons, qu'en vous ſuppoſant domicilié ſur la paroiſſe de Ville-neuve-ſur-Bellot dans le Dióçèſe de Soiſſons. Si donc vous n'avez point acquis de domicile dans cette paroiſſe, vous étiez certainement non-recevable.

Or quel étoit le domicile de Levy? Je ſoutiens, Meſſieurs, que ce n'étoit point la paroiſſe de Villeneuve-ſur-Bellot. En voici la preuve: ſon domicile a toujours été à Haguenau en Alſace, au moins juſqu'en l'année 1751 qu'il vint à Paris. Il nous dit lui-même qu'il y vint pour ſoutenir un procès, d'où il ſuit qu'il n'entendoit point y fixer ſon domi-cile. Dans la ſommation qu'il fit au curé de S. Sulpice, il ſe dit ſimplement natif d'Haguenau, & *de préſent à Paris*.

14

Jufques-là on ne peut donc le confidérer que comme domicilié en Alface. Suppofons, avec lui, que par le baptême qu'il reçut au mois d'Octobre 1752, il ait perdu tout efprit de retour dans fa patrie. Où doit-on alors placer fon domicile ? ce ne peut être que dans le lieu où il habitoit, où il faifoit quelque commerce, où en un mot, il paroiffoit déterminé à fe fixer : or ce lieu ne peut être que Paris. Ai-je pour le prouver quelque chofe de plus que fa demeure habituelle ? Oui, Meffieurs, j'ai la qualité que Levy s'eft donnée, & dans les fommations qu'il a faites à fa femme au mois de Mai & d'Octobre 1754, & dans toute la procédure de l'Officialité de Strafbourg : il y prend le titre de Négociant à Paris. Voilà donc & demeure actuelle & volonté d'acquérir domicile.

Alors cependant il alloit fouvent à Villeneuve-fur-Bellot ; il y paffoit la plus grande partie de fon année ; il y profitoit des bontés que la Dame de Mauroi avoit pour lui. Donc fa demeure dans ce village n'étoit qu'une habitation paffagere, qui ne pouvoit lui acquérir un domicile : s'agiffoit-il de prendre qualité en juftice ? alors quoique de fait il réfidât à Villeneuve, il fe difoit domicilié à Paris.

Il fentit qu'il étoit trop connu dans cette Capitale pour s'adreffer à M. l'Archevêque. Que fait-il ? le 13 juin 1755 il entreprend de fe faire domicilié à Villeneuve : il fait au Curé une fommation de publier fes bans ; il lui annonce que, depuis un an, il demeure fur fa paroiffe, & qu'il veut déformais y fixer fon domicile, *fubordonnément néanmoins à la providence.* Ce *fubordonnément* annonçoit que Levy étoit bien aife d'avoir par tout un domicile, dont il pût faire ufage, fuivant fes intérêts. Tel eft, Meffieurs, le premier acte par lequel il fe foit annoncé comme domicilié dans la paroiffe de Villeneuve ; il eft du 13 de Juin 1755. La fauffeté de fa déclaration eft palpable : il dit qu'il eft depuis un an domicilié fur cette paroiffe, & au mois de Novembre précédent il s'étoit dit (a) *domicilié à Paris.*

(a) Voyez la procédure de Strasbourg, & la Sentence qui y eft intervenue le 7 Novembre 1754,

Ce n'eſt pas tout : au mois d'Août 1755, dans la ſignification qu'il fait à ſa femme, il ſe dit encore domicilié à
Paris. Dès-là, Meſſieurs, je fais à Levy un raiſonnement
auquel il ne peut rien répondre : de deux choſes l'une ; ou
c'eſt mal-à-propos & fauſſement que vous vous êtes dit le
13 Juin 1755 domicilié à Villeneuve, puiſque je trouve
des Actes antérieurs & poſtérieurs dans leſquels vous vous
dites domicilié à Paris ; ou ſi le 13 Juin 1755 vous avez
eu réellement deſſein de vous établir à Villeneuve, vous
avez depuis changé d'avis ſuivant la réſerve que vous vous
en étiez faite par ces mots, *ſubordonnément à la providence.*

Or dans tous ces cas l'Official de Soiſſons a dû vous dé-
clarer non-recevable. En effet l'article premier de l'Edit
du mois de Mars 1697, veut que *pour contracter domicile à
l'effet du mariage, on ait demeuré un an entier dans le lieu où
l'on veut ſe marier, s'il eſt ſitué dans l'étendue d'un diocèſe différent de celui que l'on avoit habité juſques-là.*

Le premier Acte de domicile que vous ayiez fait ſur la
paroiſſe de Villeneuve-ſur-Bellot, eſt du mois de Juin 1755 ;
donc au mois de Février 1756 vous n'aviez point acquis
de domicile dans le diocèſe de Soiſſons. Je raiſonne dans
l'hypothèſe qui vous eſt le plus favorable : car poſtérieure-
ment à cet Acte du mois de Juin, & le 25 Août 1755 vous
vous déclarez encore domicilié à Paris ; & depuis le mois
d'Août 1755. juſqu'au mois de Février 1756, temps auquel
la ſentence a été rendue, je ne vois de votre part rien qui
prouve que vous ayiez ceſſé d'avoir votre domicile dans
cette Capitale.

Il eſt donc prouvé, Meſſieurs, que loin que l'on puiſſe
reprocher aucun abus à la ſentence de l'Officialité de Soiſſons, cette Sentence ſeroit elle-même abuſive, ſi l'Official eût accordé à Levy la permiſſion qu'il lui demandoit.

CES MOYENS, Meſſieurs, me ſuffiroient dans une FONDS DE LA
cauſe ordinaire, & ſi je ne voulois ſimplement que la confir- QUESTION.
mation de la Sentence que je défends, j'en aurois dit aſſez.
Mais à Dieu ne plaiſe que nous laiſſions à Levy la malheureuſe liberté d'aller profaner ailleurs un Sacrement qu'il ne
peut recevoir ſans ſacrilége & ſans adultere. Ce moyen tiré

du domicile de l'Appellant, quelque décisif qu'il fût, n'est point le seul ni le plus puissant qui ait déterminé l'Official. Il en est un autre plus cher à la sollicitude pastorale de M. l'Evêque de Soissons, plus digne de son attachement pour l'Eglise, de son zèle pour la religion, de son amour pour les Loix de l'Etat.

PROPOSITION. — L'engagement que Levy a contracté avec Mendel-Cerf n'est plus sous la main des hommes : il est mariage ; donc il est indissoluble. Telle est, Messieurs, la proposition que je me flatte de vous démontrer.

Je suivrai un plan différent de celui de mon Adversaire. Il avoit besoin de prêter à une opinion fausse des motifs encore plus faux : il a choisi l'analyse : il a supposé sa proposition dogmatiquement prouvée par l'autorité : il lui a ensuite cherché des raisons. Je commencerai par les principes immuables, & j'en déduirai les conséquences : la synthese sera ma méthode. Je vous ferai voir une Loi naturelle, promulguée dès l'origine du monde, sacrée à nos premiers parens, méconnue par l'erreur, quelquefois violée, mais toujours inviolable ; non rétablie, mais indiquée par Jesus-Christ, comme une regle toujours constante, & dont il n'avoit jamais été permis de s'écarter. C'est à cette regle sacrée que j'oserai confronter les témoignages ; je les peserai, je ne les compterai pas ; & dans le choix de cette multitude d'autorités que l'on peut citer sur cette matiere, je m'attacherai à l'Apôtre & aux Peres de l'Eglise qui ont suivi cette Loi primordiale ; je rejetterai les Docteurs qui l'ont méconnue. Notre Adversaire est convenu que le mariage étoit indissoluble dans son institution ; mais confondant ensuite les mœurs avec la Loi, & la dépravation avec la regle, il a cru trouver une dérogation où Jesus-Christ n'a vu qu'une prévarication ; & il a fait une exception à la régle de ce qui n'en étoit que l'infraction.

Voici donc, Messieurs, le raisonnement dans lequel je renferme ma défense.

Le mariage que Levy a contracté avec Mendel-Cerf est un mariage légitime. Cette proposition ne m'est point contestée, & l'on convient que si cette femme persévérant dans

dans fon infidélité vouloit habiter avec fon mari, on ne leur adminiftreroit point le facrement de mariage : on les regarderoit comme parfaitement unis par les loix.

Or tout mariage eft effentiellement indiffoluble ; il l'eft de droit naturel & d'inftitution divine ; il l'eft comme lien ; il l'eft indépendamment du facrement qui le bénit. Cette loi primordiale oblige tous les hommes ; elle a été promulguée pour Adam & pour toute fa race. Premiere propofition que je me flatte de vous démontrer.

Si je vous démontre l'exiftence de la loi, dès là vous ne pouvez vous fonder que fur une prétendüe dérogation. Il faut donc que vous me trouviez cette dérogation écrite dans une loi auffi claire, auffi formelle, auffi évidente que celle que j'invoque en ma faveur : or cette dérogation, vous ne l'établiffez point. Jefus-Chrift, l'Apôtre, les Peres de l'Eglife ont enfeigné que cette loi générale ne recevoit point d'exception. Seconde propofition qui achevera ma démonftration.

PREMIERE PROPOSITION.

Le Mariage eft indiffoluble de droit naturel & divin ; il l'a été dans tous les états, par lefquels a paffé le Genre-humain.

Les raifons qui prouvent l'indiffolubilité du mariage fe puifent dans fa nature, dans fon effence, dans l'ordre inaltérable que Dieu a lui-même établi en l'inftituant. Le mariage eft indiffoluble, parce qu'il eft fociété parfaite. Il eft indiffoluble, parce que Dieu a attaché ce caractere à cette fociété qu'il a établie, comme confervateur & comme bienfaicteur du Genre-humain.

Loin de nous, Meffieurs, ces Philofophes qui dégradant l'humanité, peut être en haine de la révélation, n'ont vu dans le mariage qu'un moyen de reproduire & de conferver le genre humain : union paffagere, ont-ils dit : un inftinct aveugle nous y porte. Le plaifir nous y attire. La naiffance d'un nouvel être en eft le prix & la fin.

C

Lorſque le Créateur répandit ſur l'univers cette bénédiction féconde qui donna le mouvement & la vie à tous les Etres, il dit à l'homme comme à la bête: *croiſſez & multipliez*; mais il n'a jamais dit que de l'homme, *faiſons lui une aide, & une aide ſemblable à lui.* Alors il tire de l'homme même cette Compagne fidéle, ſon appui & ſa ſociété. Cette moitié d'Adam eſt la *chair de ſa chair, & l'os de ſes os.* Il s'admire dans cette portion de lui-même. Ce n'eſt pas ſeulement un être deſtiné à le reproduire dans ſes enfans; c'eſt une amie faite pour le rendre heureux. Le Quadrupede ſuit ſa femelle dans les forêts, la joint, l'abandonne & l'oublie. L'épouſe que Dieu donne au premier homme devient pour toute ſa vie l'objet de ſon eſtime, de ſon attachement, de ſa confiance. L'auteur de la nature n'avoit donné à la brute que des deſirs; l'amour fut le partage de l'homme.

Le mariage fut donc établi pour l'homme ſeul, parce que l'homme ſeul fut deſtiné à la ſocieté. Des deux penchans que Dieu a mis en lui, l'un lui eſt commun avec la brute, il ne tend qu'à la reproduction de l'eſpece: il eſt la ſuite & l'effet de ces mots conſervateurs, *creſcite & multiplicamini*; l'autre penchant, le dirai-je, Meſſieurs? Peutêtre lui eſt-il commun avec l'Ange: Il tend à cet accord ſi parfait, à cette union ſi intime des cœurs & des eſprits, la premiere & la plus douce des ſociétés. Il eſt l'effet de ces mots bienfaiſans *non eſt bonum eſſe hominem ſolum (a)*. Le premier eſt un mouvement, il porte au plaiſir; l'autre eſt un ſentiment, il conduit au bonheur.

La femme eſt donc le ſoutien & le ſecours de l'homme: Mais quel ſecours? Les animaux ſont ſes eſclaves, ils lui obéiſſent & tremblent à ſa voix. Dieu après avoir dit qu'il falloit un aide au Roi de l'univers, fait paſſer devant lui tous les animaux. Adam les nomme; mais, ajoute l'Ecriture *non inveniebatur adjutor ſimilis ejus*: la femme ſeule eſt ſa compagne, une compagne ſemblable à lui, une compagne deſtinée à ne le plus quitter, à partager ſon bonheur & ſon gouvernement, *adjutor ſimilis ejus*. Mais toute

(a) Gen. 2. 18.

société a pour base un consentement mutuel; elle est l'effet d'une convention. Aussi, Dieu après avoir créé la femme, la mene à Adam. *Adduxit eam ad Adam.* Pourquoi? Parce qu'il vouloit avoir le consentement libre d'Adam, & prendre dans ce consentement, la loi indefectible du mariage.

Alors l'homme inspiré; s'écrie, voilà ce que je n'ai point trouvé dans tous les Etres vivans que vous m'avez présentés: voilà *l'os de mes os, & la chair de ma chair.* Elle portera un nom, qui indiquera qu'elle est une portion de moi-même, *vocabitur virago, quia de viro sumpta est*; & désormais l'homme quittera son pere & sa mere pour *s'attacher* à sa femme, & ils seront deux dans une seule chair. *Relinquet homo patrem suum & matrem suam, & adhærebit uxori suæ & erunt duo in carne una.*

Ce mot *adhærebit*, que nous trouvons dans la Vulgate, ne rend que très-imparfaitement, Messieurs, l'énergie du terme original. Il ne signifie pas seulement *s'attacher,* il désigne l'union & l'adhésion de deux parties, qui ne font plus qu'un tout inséparable: aussi les 70 l'ont ils rendu par un mot Grec προσγολλυθησεται, qui veut dire *adglutinabitur,* & qui selon Estius, marque une union indissoluble, *significatur eo verbo*, dit ce Commentateur, *conjunctio indissolubilis; quæ enim glutino cunjuncta fuerint ea frangas facilius quàm solvas.*

Voilà donc, Messieurs, dès l'institution du mariage & dans les termes du consentement d'Adam, la Loi de sa postérité. Unité du mariage. Indissolubilité du mariage.

Unité du mariage. Il est impossible que l'homme, après n'être devenu qu'un seul tout avec sa femme, contracte avec une autre cette union parfaite; & cela par la raison que l'homme ne peut pas être tout entier, & en même-tems, partie intégrante de deux tous.

Indissolubilité du mariage. Cette union est telle & si intime, que comme dit Estius, il ne peut plus y avoir de dissolution, mais un déchirement: *facilius frangas quàm solvas.*

Ce double caractere du mariage, que, de l'aveu de mon Adversaire, nous trouvons dans l'institution primordiale de ce contrat, est-il conforme à la raison naturelle ? Il ne faut pour le prouver que deux réflexions bien simples.

Toute société doit être égale & réciproque ; delà je conclus l'unité du mariage. Une société ne peut se dissoudre lorsque la *restitution en entier* est absolument impossible ; de-là je conclus l'indissolubilité.

Par le mariage l'homme se donne tout entier à sa femme, & la femme se donne tout entiére à son mari : telle est l'essence du mariage. Mais un homme ne peut se donner tout entier à deux femmes. Il est alors absolument nécessaire qu'il se partage ; donc la poligamie détruit l'essence du mariage, puisqu'elle ôte l'égalité & la réciprocité de la convention.

Le mariage une fois contracté, établit soit entre le mari & la femme, soit entre l'un & l'autre & leurs enfans communs, des rapports qu'il n'est plus possible de détruire: quelque chose qui arrive, cette femme aura toujours conçu de son mari. Elle lui aura toujours livré le trésor de sa virginité. Elle sera toujours mere d'enfans qui auront son mari pour pere, & auxquels l'un & l'autre devra ses soins & sa tendresse. Tout cela peut-il être changé ? Or comment admettre la dissolution du Contrat, lorsque la *restitution* est impossible? Comment désunir deux époux qui ont acquis des droits que rien ne peut leur ôter, & perdu des avantages que qui que ce soit ne peut leur rendre ?

Ici, Messieurs, la Loi primitive du mariage, est donc parfaitement conforme aux premieres lumieres de la raison. Les paroles d'Adam inspiré répondent parfaitement & au but du mariage & à l'intention du Créateur.

Comment donc a-t'on pû vous dire, Messieurs, que si le mariage avoit été indissoluble dans son institution, c'étoit une loi positive & arbitraire, qui n'a duré que jusqu'au malheureux instant où nos parens sont déchus de leur grandeur? Quoi ! Messieurs, cette Loi si sage ; cette Loi respectée par les Peuples, lors même qu'ils s'en sont écartés ; Cette Loi si conforme aux premier vœu de la nature, & au plan du conservateur de la société, sera de la même nature, que cette Loi d'épreuve qui défendoit à l'homme de manger d'un certain fruit!

On a été plus loin, Meſſieurs; & à une propoſition fauſſe, on a joint la preuve la plus déraiſonnable. Pourquoi la Loi de l'indiſſolubilité & de l'unité du mariage, a-t-elle ceſſé au moment du péché? C'eſt, vous a-t-on dit, que cette alliance du premier homme & de ſa femme, repréſentoient l'union de Jeſus-Chriſt & de l'Egliſe. Les mariages contractés depuis le péché, n'étoient plus dignes de devenir le ſymbole de cette union myſtique: ainſi la poligamie fut alors permiſe, & le divorce rompit les nœuds du mariage.

Je conviens, Meſſieurs, que ſelon la doctrine de S. Paul, le mariage de nos premiers parens a figuré dès ſon inſtitution, l'union de Jeſus-Chriſt & de l'Egliſe. *Sacramentum hoc magnum eſt in Chriſto & in Eccleſia.* Mais vous prêtez à S. Paul le plus mauvais raiſonnement que l'on puiſſe faire, & une penſée qu'il n'a jamais eue.

Vous ſoutenez en effet, que le mariage ne fut indiſſoluble, que parce qu'il étoit le ſymbole de cette alliance; & moi je ſoutiens, avec l'Apôtre, que le mariage ne fut choiſi pour ce ſymbole, que parce qu'il étoit indiſſoluble. Vous croyez que Dieu fit une Loi pour que la comparaiſon fût juſte; moi, je prétends que la figure n'eſt juſte, que parce que la Loi étoit faite. S. Paul a dit, le mariage naturel eſt *un & indiſſoluble*, donc il eſt l'image ſenſible de cette alliance myſtique, qui lie individuellement & indiſſolublement Jeſus-Chriſt à ſon épouſe. Voici au contraire comment vous le faites raiſonner. L'union de Jeſus-Chriſt & de l'Egliſe devoit être une & indiſſoluble; donc Dieu a rendu auſſi le mariage un & indiſſoluble par forme de convenance, & & pour qu'il pût être une figure. Je ne crois pas, Meſſieurs, qu'il faille m'attacher plus long-tems à refuter la fauſſeté de cette interprétation.

Je ſoutiens donc, & vous en convenez avec moi, que le mariage dans l'état de la nature innocente, étoit un & indiſſoluble; mais je prétends contre vous, & je ſoutiens avec tous les Peres & tous les Théologiens, qu'il étoit indiſſoluble de droit naturel (*a*), & que ce double caractere, &

(*a*) On expliquera plus bas, quel eſt le droit naturel qui rend le mariage indiſſoluble.

d’individuité & d’unité, a fubfifté depuis la chute du genre-humain , & fous l’Empire de la loi naturelle & fous celui de la loi écrite.

Le péché obfcurcit l’entendement de l’homme , mais n’en arracha point entiérement ni les loix que Dieu y avoit gravées en le faifant à fon image, ni celles qu’il lui avoit lui-même dictées. Les paffions dont il fut le jouet, l’écarterent bientôt de cette regle primitive, mais ne la détruifirent point. Adam n’oublia point les préceptes qu’il avoit reçus de Dieu même ; la religion naturelle, le culte , les grandes vérités de morale & les premieres loix de la fociété, parmi lefquelles je range l’indiffolubilité du mariage , tout cela fut tranfmis à fes enfans par l’inftruction paternelle ; & cette tradition non écrite fit la regle des premiers hommes. Auffi jufqu’au déluge n’en voyons-nous pas un feul qui ait répudié fa femme pour en époufer une autre. Lamech fixiéme petit fils d’Adam par Caïn , eft le feul qui ait eu deux femmes à la fois , & les Peres de l’Eglife ont penfé que Dieu l’avoit maudit pour ce péché : *Primus Lamech à Deo maledictus duabus maritatus, CONTRA DEI PRÆCEPTUM, tres in unam carnem effecit;* Tert. de Exhort. Caft. cap. 5. Remarquez, Meffieurs, ces termes : *contra Dei præceptum.* Voilà donc un des plus habiles Docteurs du Chriftianifme qui décide contre mon Adverfaire, que le précepte de l’unité du mariage obligeoit les enfans d’Adam , & qu’ainfi le péché du premier homme n’anéantit point cette loi fi utile.

Le monde eft prêt à périr par le déluge. Noé, qui connoît depuis plus de quarante ans l’arrêt qui profcrit le genre humain, entre dans l’Arche, mais avec fa femme feule ; & chacun de fes enfans n’en a qu’une. Pourquoi la néceffité de repeupler le monde , pourquoi la commifération ne l’engagerent-elles pas à prendre avec lui , ou à donner à fes fils plus d’une époufe ? La loi inaltérable de l’unité du mariage faifoit partie de ce corps de vérités précieufes, qui avoient été tranfmifes jufqu’à lui.

Abraham eft appellé : il quitte un pays habité par des infidéles , & , jufqu’au moment de fa vocation , nulle ré-

vélation n'avoit frappé fon oreille. Il n'avoit pour religion & pour regle que les principes, que les nations n'a-
voient point encore oubliés ; cependant il n'avoit qu'une
femme. Alors la richeſſe des hommes étoit dans une poſtérité nombreuſe ſur laquelle ils regnoient : Sara eſt ſtérile.
Quel motif plus puiſſant pour autoriſer la diſſolution d'un
engagement contracté avant la vocation ? Abraham n'eſt
gêné par aucune loi civile. Il eſt roi ; mais il reſpecte la
tradition qui l'éclaire. Il conſerve fidélement une épouſe
dont il n'eſpére plus aucune poſtérité.

Lorſque Dieu lui révele le choix qu'il a fait de lui, il lui
promet une foule de deſcendans ; il ne lui dit point encore
qu'ils naîtront de Sara. (a) Abraham cependant conſerve
ſon épouſe unique.

De ſon temps, Meſſieurs, la polygamie commençoit à
s'introduire chez les nations. Qu'eſt-ce que prouve ce déſordre, ſinon que la paſſion étoit plus forte que la loi,
& que les lumieres naturelles s'éteignoient chez ces peuples, que Dieu laiſſoit marcher dans leurs propres voies ?

Mais ce que vous devez ſinguliérement remarquer,
Meſſieurs, c'eſt que dans les pays même, où la pluralité des
femmes étoit admiſe, premier pas que fit ſans doute la
cupidité, l'indiſſolubité du mariage étoit reſpectée. Les
peuples étoient encore perſuadés, ſans le ſecours de la révélation, que la mort ſeule dégageoit une femme des liens
qui l'attachoient à ſon mari. Abraham va en Egypte. *Ils
me tueront,* |dit-il, *afin de pouvoir épouſer ma femme,* &
il la fait paſſer pour ſa ſœur. Pharaon, Monarque abſolu,
ſacrifie ſa paſſion pour Sara, & dès qu'il apprend qu'elle
eſt la femme du Patriarche, il renonce au projet qu'il avoit
formé de la prendre pour la ſienne. *Quare non indicaſti
quòd uxor tua eſſet ? quam ob cauſam dixiſti eſſe ſororem
tuam, ut tollerem eam mihi IN UXOREM ?* Le Roi de Ge-
rare rend le même témoignage à la maxime de l'indiſſolubilité dans une occaſion où Iſaac avoit eu la même crainte
que ſon pere. Tant il eſt vrai, dit l'Auteur des Conférences Eccléſiaſtiques du Diocèſe de Paris (b), *que ces peu-*

____

(a) Gen. ch. 12.   (b) Conf. Eccl. Liv. 6. Conf. 4. 92.

ples quoiqu'idolâtres, étoient perfuadés qu'il n'étoit pas per-
mis à une époufe de quitter fon mari, ni d'en époufer un
autre qu'après fa mort.

Je fçai, Meffieurs, que l'on m'oppofe la naiffance d'If-
mael & la fécondité d'Agar ; celle des deux fervantes de
Lia & de Rachel. Mais outre que ces exemples ne prouvent rien, contre l'indiffolubilité du mariage ; tous les
Peres de l'Eglife ont enfeigné unanimément qu'ils ne prou-
voient rien contre fon unité.

A Dieu ne plaife, Meffieurs, que je veuille trouver
une faute dans ce mariage, ou l'Apôtre S. Paul a vû le
fymbole des plus fublimes vérités. (a) Eft-ce à nous d'in-
terroger ces illuftres dépofitaires des promeffes, & ces premiers garants de leur certitude ; ces hommes qui gouver-
nés immédiatément par la Divinité qui les guidoit, la
confultoient à chaque pas, étoient éclairés par une révélation continuelle, & recevoient fur toutes les démarches de leur vie, des ordres précis qui entroient dans le
plan des Myfteres, que ces grands hommes appercevoient
de loin, & dont ils étoient la figure ?

Ce que je fçai, Meffieurs, c'eft que tous les Peres ; c'eft
que S. Auguftin, S. Thomas, & tous les Théologiens qui
ont recueilli la Tradition, ont regardé ces feconds mariages comme contractés en vertu d'une *difpenfe* formelle,
& par l'ordre exprès de Dieu, qui pour des raifons dignes
de fa fageffe, dérogea lui-même à la Loi générale qu'il
avoit établie. Je vous développerai dans un moment cette
idée ; il me fuffit d'obferver ici, que fi nos guides dans la
foi, ont cru, ont conftamment enfeigné que Dieu avoit,
dans quelques cas particuliers, *difpenfé* de la Loi de l'unité
du mariage, ils étoient donc bien éloignés de, croire que
cette Loi eût ceffé de lier les hommes auffitôt après le
péché d'Adam : la *difpenfe* fuppofe la regle & la confirme ;
fi celle-ci n'exiftoit pas, celle-là feroit inutile.

Ne puis-je pas même ajouter ici, Meffieurs, que la maniere dont les Patriarches uferent de la difpenfe, étoit elle

______

(a) Ep. ad Gal. c. 4.

même

même une réconnoiffance de la Loi, & un hommage qu'ils lui rendoient? Eft-ce de lui-même? Eft-ce pour contenter fa paffion? Eft-ce même dans la vûe de perpétuer fa race, qu'Abraham forme avec Agar cet engagement myftérieux qui devoit relever encore la gloire de la femme libre, & les avantages de l'héritier de la promeffe? Non, Meffieus: Abraham a vieilli avec Sara: elle feule a fur lui des droits irrévocables. C'eft-elle même qui difpofe, en quelque façon, de fon mari, en vertu du contrat indiffoluble qui les unit. Le Seigneur m'a rendue ftérile, *ingredere ad ancillam meam, fi forté faltem ex illâ fufcipiam filios*: les enfans de l'Efclave doivent donc appartenir à la femme libre. Celle-ci n'en fera pas moins la moitié d'Abraham; cette compagne qu'il tient de la Loi naturelle, celle à laquelle il fe doit tout entier. Agar quoique légitimément unie à fon maître, fera fubordonnée à Sara. Le faint Patriarche reconnoît dans la priére de fa femme l'ordre & la révélation de Dieu même. Il affocie l'Efclave à fon lit: il la chaffe enfuite, lorfque Sara devenue mere eut à fe plaindre de l'orgueil d'Agar & de l'indocilité d'Ifmaël. Tout ceci étoit une figure, fuivant l'Apôtre; mais dans cette figure même, n'appercevez-vous pas, Meffieurs, les traces d'une Loi refpectée par Abraham, tant qu'il ne fuit que fa volonté; d'une Loi dont il ne s'écarte que par l'impulfion divine, qui trace à ce grand homme une route extraordinaire & deftinée à figurer les plus grands myfteres?

Des deux enfans d'Abraham, celui qui chaffé de la maifon paternelle, ne pût recueillir les leçons de la tradition tranfmife depuis Adam, celui qui fut livré dans les deferts au joug honteux de fes paffions, celui-là, Meffieurs, prit plufieurs femmes. Ifaac époufa la feule Rebecca qu'il reçut des mains de fon pere, feul chef & feul légiflateur de fa famille.

Jacob fils d'Ifaac, va chercher par fon ordre une femme dans la famille d'Abraham. Il n'en demande qu'une, & Rachel eft l'unique objet de fes vœux.

Je fçai, Meffieurs, que par une fuite d'événemens qu'il n'avoit point prévus, il fe trouva l'époux de deux fœurs;

D

mais cet exemple ne prouve rien en faveur de la polygamie, & prouve tout pour l'indiſſolubilité.

Rappellez-vous en effet la fraude de Laban. Jacob ne
donnoit ſa foi qu'à Rachel, & Lia, ſans qu'il le ſçût, étoit
dans ſes bras. Le conſentement mutuel eſt de l'eſſence du
mariage ; donc l'union qui venoit de ſe former, n'en étoit
point un. Jacob étoit réellement l'époux de Rachel : ils
étoient l'un & l'autre irrévocablement liés par leurs ſermens qui avoient précédé le feſtin nuptial (a), il ſe plaint de
Laban : que lui oppoſe celui-ci ? une Loi civile qu'il lui
avoit cachée. *Non eſt in loco noſtro conſuetudinis ut mino-
res ante tradamus ad nuptias.* Déja, comme vous le voyez,
les Loix que les ſociétés s'étoient faites préſidoient au mariage. Jacob eſt obligé de prendre Rachel, à laquelle il eſt
déja lié par ſes ſermens. Il ne peut abandonner Lia, ſans
enfreindre la Loi civile, ſans couvrir cette femme d'opprobre. Dans cet enchaînement de circonſtances ſingulie-
res, ce grand homme reconnoît le doigt de Dieu ; il ſe
ſoumet à ſon ordre qui lui eſt revelé. Il n'a voulu épouſer
qu'une femme ; il ſe trouve engagé à deux épouſes : la volonté, le premier vœu de ce Patriarche fut un hommage
rendu à la regle. Son double mariage, une diſpenſe nécéſ-
ſaire qui entroit dans le plan des deſſeins de Dieu ſur ſon
peuple.

En vous parlant, Meſſieurs, du mariage d'Agar, j'ai
déja prévénu l'induction que tire notre Adverſaire de celui
de Jacob avec les deux Eſclaves, qui partagerent les droits
de Rachel & de Lia ; & je vas dans un moment achever de
vous développer la doctrine des Peres de l'Egliſe, qui ont
refuté comme une erreur condamnable, la doctrine de ceux
qui concluoient de ces exemples, que la polygamie a été
permiſe juſques à Jeſus-Chriſt.

Venons, Meſſieurs, à la Loi de Moyſe : notre Adverſaire vous a dit bien nettement, que ſous cette Loi qu'il a

______

(a) Qui (Laban) vocatis multis amicorum turbis ad convivium,
fecit nuptias, & veſperè Liam filiam ſuam introduxit ad eum.
Gen. 28.

appellée le troifiéme état de la nature, le mariage étoit diffoluble, & la polygamie permife. Comment a-t-il prouvé
l'un & l'autre ? Il a conclu que la polygamie étoit permife
de ce que quelques perfonnes que l'Ecriture ne blame point,
ont eu plufieurs femmes ; & il a voulu prouver que le mariage étoit diffoluble, parce que Moyfe avoit permis le
divorce.

Ordinairement, Meffieurs, on ne prouve point quelle
étoit la Loi par les mœurs des peuples obligés à la fuivre ;
mais on cherche dans la Loi quelles devoient être les
mœurs. Notre Adverfaire a fait tout le contraire. Je le
défie de citer un feul texte de la Loi de Moyfe qui ait
permis la polygamie. Auffi ne nous en indique-t-on aucun.
Mais on nous dit, David & plufieurs autres, ont eu plufieurs
femmes à la fois, & on ne voit pas que l'Ecriture ait défap-
prouvé leur conduite. Nathan reproche à David fon adultere. On ne voit point qu'il lui faffe un crime de la pluralité des femmes.

Une premiere réponfe, Meffieurs, me fuffiroit pour réfuter cette objeftion. L'Ecriture ne les blâme point, dites-
vous ? Mais où avez-vous vû qu'elle les louât ? Eft-ce à
nous de porter un jugement que l'Ecriture même ne porte
point ? Refpectons, Meffieurs, fon filence, mais gardons-
nous de fournir des armes aux ennemis de notre Religion
Sainte, en donnant indifféremment comme regles de conduite, toutes les actions dont le texte facré n'eft que l'hiftorien fidéle. Cette réponfe me difpenfe d'entrer dans une
difcuffion qui pourroit devenir téméraire ; mais qui le feroit toujours beaucoup moins que la hardieffe avec laquelle on a ofé à votre Audience juftifier la polygamie,
par des exemples auxquels je ne veux plus répondre que
par l'autorité des Peres de l'Eglife. Il eft tems, Meffieurs,
de vous expofer leur fentiment, & de vous expliquer leur
doctrine.

Tous ont penfé, Meffieurs, que la polygamie étoit défendue de droit naturel & de droit divin. Saint Thomas
le décide nettement ; mais il fe fait enfuite l'objeftion des
Saints de l'ancienne Loi ; objeftion dont notre Adverfaire

a cru triompher pour en former une regle générale contre l'unité du mariage.

Il puife fa réponfe, Meffieurs, dans la doctrine de tous les Peres, & en particulier dans les Livres de S. Auguftin, contre Fauftus. C'eft donc le fuffrage de ce grand Evêque que je vas vous citer, en vous rapportant celui de fon difciple.

Saint Thomas (a) diftingue deux fortes de préceptes de droit naturel. Il nomme les premiers *primaria jura*. Ce font ces Loix éternelles & immuables comme Dieu même : ces rapports néceffaires qui exiftent dans fes idées & qui tiennent à l'effence inaltérable des chofes. Dieu lui-même ne peut changer ces rapports, il ne peut difpenfer de ces Loix ; parce qu'elles font néceffaires de la néceffité de Dieu même, & que le pouvoir de la Divinité ne peut rien contre fa propre effence.

Il eft au contraire des préceptes naturels, d'un fecond genre, & que S. Thomas nomme *fecundaria jura*. Ils naiffent des rapports que Dieu a librement établis comme Créateur de l'univers, & comme Auteur de la nature. Ils font, dans l'ordre moral, ce que font dans l'ordre phyfique les Loix du mouvement dont un miracle a quelquefois fufpendu le cours (b).

Ainfi, Meffieurs, Dieu ne pouvoit faire un monde où il y eût des êtres penfans & libres qui fuffent difpenfés de l'aimer, & de le fervir ; parce que les rapports de dépendance & de gratitude font des rapports effentiels entre le Créateur & l'efprit quil a créé. Ces rapports nous obligent néceffairement au premier moment de notre exiftence ;

(a) S. Thomas fuppl. qu. 65. art. 2 & qu. 67. art. 3.

(b) Ne pourroit-on pas dire, pour rendre encore ceci plus fenfible, que les préceptes *primarii juris* font aux Loix du fecond ordre, ce que font les vérités de Géometrie aux Loix de la méchanique ? Il n'y a perfonne qui ne fente que les vérités géométriques & les régles fuivant lefquelles s'augmente la vîteffe du corps tombant, ne font pas auffi effentiellement néceffaires les unes que les autres. Les premieres font d'une néceffité éternelle ; elles tiennent à l'effence de l'efpace. Les autres font d'une néceffité qui ne tient qu'à l'harmonie que Dieu même a établie dans le monde matériel.

Dieu nous a créés, mais il n'a point fait cette relation de lui à nous. Elle exiftoit lors même que le monde n'étoit que poffible ; elle étoit en Dieu comme toutes les vérités & toutes les effences des chofes.

Mais Dieu pouvoit faire un monde, dans lequel le mariage n'eût point été connu, une fociété dans laquelle nous n'euffions eu aucunes de ces rélations de maris & de femmes, de peres & d'enfans, de freres & de fœurs. Les rapports de cette efpéce exiftent cependant ; ils exiftent dans le monde tel que Dieu la créé, ils y exiftent en vertu de l'établiffement qu'il en a fait ; ils produifent des regles néceffaires, mais d'une néceffité qui n'eft point celle de Dieu, & dont il eft l'Auteur.

De-là il fuit, que fi Dieu ne peut difpenfer des Loix *primarii juris*, il a pû difpenfer & il a réellement difpenfé quelques hommes extraordinaires des préceptes de la feconde efpéce. Or, c'eft dans cette derniere claffe que nous devons ranger la Loi de l'unité du mariage, parce quelle n'a pour objet que le bien de la fociété, dont Dieu a fait les Loix rélativement à l'état & à la forme qu'il a voulu lui donner.

Si donc, fans rien changer aux vérités qui font l'effence des êtres, il a arrêté le cours du foleil en faveur de Jofué ; s'il a fufpendu l'effet de la pefanteur des flots en faveur de Moyfe & des Ifraélites ; il a pu également difpenfer quelques hommes prophétiques des Loix naturelles qu'il a prefcrites à la fociété de l'homme & de la femme. Il l'a fait en faveur d'Abraham ; il l'a fait pour Jacob, pour David & peut-être encore pour quelques autres. C'eft ainfi que quoique le vol foit défendu de droit naturel *fecundaire*, Dieu ordonna aux Hébreux d'emporter les vafes des Egyptiens. Telle eft, Meffieurs, la doctrine des Peres que je n'ai cherché qu'à vous rendre fenfible ; telle eft la réponfe que font tous les Théologiens à l'objection de notre Adverfaire ; (a) tel eft en particulier le fuffrage des fçavans Auteurs des Conférences de Paris (b).

(a) Voyez Sylvius Suppl. qu. 5. art. 1.
(b) Liv. 2. 924.

Eh quoi ! l'Eglise a recours à la difpenfe, & vous voulez établir une Loi ! Vous prenez pour la régle ce que les
Peres nous donnent pour une exception qu'ils affimilent
aux miracles ! Vous allez chercher vos preuves dans quelques Canoniftes, prefque tous poftérieurs au douziéme fiécle, & vous accufez le témoignage de cette tradition
conftante que j'invoque en faveur de la Loi précieufe de
l'unité du mariage ! Tout ce que j'ai dit, Meffieurs, contre
la polygamie, n'étoit devenu néceffaire que par la hardieffe avec laquelle on vous a préfenté ce défordre comme permis par la Loi naturelle, & défendu feulement par
la Loi de grace ; car pour me renfermer dans ma caufe,
je n'ai à défendre ici que l'indiffolubilité du mariage.

On fuppofe, Meffieurs, que le Legiflateur des Juifs leur
avoit permis de rompre les nœuds légitimes qui les attachoient à leurs époufes ; & je vas venger cet homme divin
de l'injure qu'on lui fait, contre le texte precis de fes Loix,
contre le témoignage que Jefus-Chrift lui a rendu, enfin
contre le fentiment unanime des Peres & des Docteurs.

Pour prouver que l'indiffolubilité du mariage n'étoit
point une Loi fous Moyfe, on n'a point à me citer l'exemple de quelque Patriarche, ni de quelque homme infpiré
qui ait rompu les nœuds facrés d'un mariage valable. On
m'allegue feulement le divorce permis par la Loi. Si donc
j'établis, Meffieurs, par les termes de cette Loi même,
que le divorce ne rompoit point le lien du mariage ; que
la femme ainfi renvoyée, ne pouvoit fe marier fans être
adultere ; je crois que j'aurai bien démontré que le divorce permis chez les Juifs, n'étoit qu'une féparation des conjoints, & non une diffolution de leur engagement.

Pour vous convaincre de cette Propofition, diftinguons
bien, Meffieurs, dans la Loi de Moyfe. 1°. Les preceptes
de droit naturel qui tiennent à la Religion naturelle & à la
morale. 2°. Les Loix cérémoniales qui faifoient partie de
la Religion, fans lui être effentielles. 3°. Les Loix Civiles & de Police qui formoient le Gouvernement temporel
des Juifs.

Vous vous rappellez, Meffieurs, que Dieu avoit avec

ce peuple choifi deux rapports : l'un comme Dieu , & fous ce rapport la nation Juive n'avoit de plus que les autres peuples, que l'avantage de la révélation des vérités naturelles que ceux-là avoient oubliées. C'eft comme Dieu qu'il leur dit, *tu aimeras le Seigneur, & tu ne ferviras que lui*; c'eft comme Dieu qu'il leur dicte les Loix du Décalogue , & qu'il leur prefcrit un culte. Mais Dieu étoit de plus le Légiflateur civil & politique de cette nation cherie; & il l'étoit en vertu de cette alliance contractée entre lui comme Souverain, & les Ifraélites comme fes Sujets autour du Mont-Sina. Voulez-vous que le Seigneur foit votre maître & votre conducteur ? leur avoit dit Moyfe, de la part de ce Dieu bienfaifant. Nous le voulons, répond le Camp d'Ifraël. Hé bien ! Prêtez-lui donc ferment de fidélité. Voilà, Meffieurs, (paffez-moi ce terme) les *pacta conventa* de ce gouvernement théocratique.

Comme Dieu , il leur donna les préceptes les plus purs de la Loi naturelle. Le Décalogue , & les conféquences de ces vérités primordiales qu'il falloit alors reveler à l'homme aveugle & malheureux. Voilà , Meffieurs, ce que l'on trouve dans la partie religieufe & morale des Loix de Moyfe. Elle eft l'ouvrage de Dieu comme Dieu. Elle montre à l'homme la regle de fa conduite ; elle tend à le rendre pur & jufte aux yeux du Créateur.

Mais dans la partie politique & civile de ces Loix ; dans cette portion qui regle les contrats, qui fixe les peines temporelles que la Puiffance Civile a droit d'infliger ; en un mot, dans ce Code adapté au caractere, au climat, aux mœurs de la nation , Dieu comme fouverain immédiat des Hébreux, a égard à la foibleffe de ce peuple. Il connoît fa corruption , fon penchant à la révolte ; cette férocité brutale qui devoit le rendre fouvent tranfgreffeur des Loix naturelles & divines. Il ufe donc de tolérance; il emploie les tempérammens. Il fouftrait aux peines de la Loi un abus , qui s'il eût été profcrit par une Loi fevere, eût produit de plus funeftes prévarications- Tel eft, Meffieurs , le plan économique de ce Légiflateur divin.

C'eft, Meffieurs, dans la première partie de ces Loix ; c'eft dans le Décalogue même, que je trouve le précepte naturel & divin *non mæchaberis*, tu ne commettras point d'adultere. Et si je demande, qu'est-ce que commettre un adultere? Jesus-Christ qui, comme il le dit lui-même, n'est point venu pour violer, mais pour accomplir la Loi, nous déclare que c'est prendre pour femme, même celle que son mari a renvoyée.

Mais si le Juif brutal est obligé de vivre avec sa femme qu'il n'aime point, il la maltraitera, il pourra même aller jusqu'à la tuer. Ici la Loi civile des Juifs cherche à prévenir l'abus & la violence, & sans s'écarter du précepte naturel, elle tolere une faute pour éviter un crime : elle permet la séparation pour éviter l'homicide. *Non dissidium concedens, sed auferens homicidium* : dit Saint Jerôme.

Dieu, comme Législateur civil, ne peut être contraire à lui-même, considéré comme Auteur de tout bien & de toute Justice ; j'en conviens, Mrs, & c'est sur cette vérité que j'appuie principalement ma preuve : aussi, non-seulement ne voyons-nous point que Moïse en permettant le divorce ait permis aux Epoux séparés de se remarier : nous voyons même que ces nouveaux nœuds adultères étoient en abomination à ses yeux. C'est ce que je crois démontré pour tout homme raisonnable & pour tout Chrétien.

Je dis d'abord, *pour tout homme raisonnable*. Prenons en effet le texte sacré. La Loi qui permet le divorce est au chap. 24. du Deuteronome, en voici les termes : *Si acceperit homo uxorem & non invenerit gratiam ante oculos ejus, propter aliquam fœditatem, scribet libellum repudii & dabit in manu illius & dimittet eam de domo suâ.* Je demande, Mrs, à tout homme sensé, s'il y a dans ces mots rien qui indique une dissolution du Mariage ? *Dimittet eam de domo sua* : Il la renverra de sa maison. Ne sont-ce pas la les termes les plus simples, les plus naturels pour signifier uniquement une séparation d'habitation. Eh quoi ! pour aller directement contre une Loi, quelle qu'elle fût, (car vous convenez qu'elle avoit du

moins

moins exifté dans le Paradis terreftre ;) contre une Loi
dont Moïfe avoit été lui-même l'Hiftorien , contre une
Loi dont on ne voit pas que les Patriarches ayent jamais
été difpenfés, ne falloit-il pas, Mrs, une Loi contraire
bien exprefle ? vous voulez trouver dans ces termes du
Deuteronome une dérogation à une Loi ancienne dont
vous avouez l'exiftence , & vous donnez à la dérogation
une étendue que les termes n'ont point. Mais , fi pour
déroger à une Loi claire il faut une Loi aufli précife
qu'elle ; fi l'exception doit être marquée par le Légiflateur lui-même , fi elle doit être limitée au feul cas
qu'elle indique ; comment de ce que Moïfe a permis
de fe féparer de fa femme *dimittere à domo* , pouvez-
vous conclure qu'il ait permis au mari d'en époufer une
autre ? Jefus-Chrift profcrit cette interprétation ; mais les expreffions auroient--elles eu befoin de ce témoignage de
Jefus-Chrift, fi le Juif indocile & charnel, n'en eût étendu
la fignification contre le fens naturel qu'elles préfentent ?
En un mot, la Loi du mariage, cette Loi primitive, que
vous avouez vous-mêmes avoir été promulguée avant le
péché , renferme deux chofes , 1°. Union indiffoluble ,
engagement irrévocable, 2°. Habitation commune &
devoirs réciproques. Que vois - je dans la Loi du divorce ?
Moïfe permet au mari mécontent de quelque vice qui
l'empêche d'habiter avec fa femme , *propter aliquam fœditatem* , de la mettre dehors de fa maifon. Cette permif-
fion n'eft contraire qu'à l'une de ces deux Loix ; elle fe
concilie avec l'autre. Dès là je foutiens, Meffieurs, que
cette autre Loi a continué d'obliger. Pourquoi ? C'eft
que l'exception n'eft point faite pour elle. C'eft qu'une
exception, qui dans la propre fignification des termes ne
s'applique qu'à la Loi de l'habitation, ne doit point être éten-
düe à la Loi de l'indiffolubilité. Cette raifon eft fuffifante
pour établir que Moyfe n'a jamais penfé , que le divorce
qu'il a permis fût capable de rompre l'engagement du mariage.

Mais je vas plus loin ; & quoique cette premiere réflé-
xion foit décifive, je veux vous préfenter quelque chofe

de plus fort encore. Vangeons Moyſe par Moyſe même; je trouve dans ce même Chapitre du Deuteronome & dans les Verſets qui ſuivent ceux que je viens de vous citer, la condamnation formelle de votre erreur.

Vous ſçavez, Meſſieurs, que rien n'empêchoit le Juif d'épouſer une Veuve; il lui étoit même ordonné, dans de certains cas, d'épouſer la Veuve de ſon frere. Vous ſçavez de plus, que non-ſeulement l'adultere étoit un moyen de ſéparation chez les Juifs; mais que, deferé à la Juſtice, il étoit même puni de mort.

Or cette femme que le Juif avoit renvoyée en lui donnant le *libelle du divorce*, tant qu'elle ne s'étoit point remariée ſon mari pouvoit la reprendre : mais avoit-elle contracté un autre engagement? Avoit-elle ſouillé le ſaint nœud qui ſubſiſtoit toujours malgré la ſéparation? Alors ſi ce ſecond mari venoit à mourir, il n'étoit plus libre au premier & véritable époux de reprendre cette épouſe adultere. Pourquoi? Parce qu'elle étoit ſouillée & abominable devant Dieu. Ecoutez le Texte ſacré : *Cumque egreſſa alterum maritum duxerit, & ille quoque oderit eam, dederit que ei libellum repudii, vel certè mortuus fuerit, non poterit prior maritus recipere eam in uxorem, quia POLLUTA eſt & ABOMINABILIS facta CORAM DOMINO* (a).

Eh! Quel eſt donc le crime de cette malheureuſe victime des dégoûts de ſon mari? Qu'a-t-elle fait de ſi odieux? Si elle eſt libre de ſes premiers ſermens, ſi les premiers nœuds ſont rompus, celui qu'elle a formé depuis eſt une alliance ſainte : car le mariage eſt ſaint; elle a uſé de la liberté naturelle; elle ne peut être coupable : cependant *polluta eſt & abominabilis coram Domino*. C'eſt bien aſſez que, par la tolérance de la Loi, elle échappe à la peine de mort prononcée contre l'adultere. C'eſt aſſez que cette Loi voie, dans la conduite du mari, un motif d'indulgence qui écarte le ſupplice; mais la ſéparation, cet autre effet de l'a-

____

(a) Voyez encore Jérem. 3. 3. *Si dimiſerit vir uxorem ſuam & recedens ab eo duxerit virum alterum numquid revertetur ad eam ultra? Numquid non polluta & contaminata erit mulier illa?*

dultere, doit toujours fubfifter ; fon mari ne doit plus la reprendre, *abominabilis coram Domino*. Voilà donc, Meffieurs, un double adultere condamné par Moyfe ; celui de la femme qui vit avec fon mari & qui le trompe ; & celui de la femme féparée par le divorce, qui vole dans les bras d'un autre époux. Tous les deux font défendus par la Loi divine *coram Domino* ; mais le premier eft puni de mort en vertu de la Loi civile ; l'autre livré feulement au mépris & à l'infamie, par l'indulgence de cette même Loi. *Hæc permiffio*, dit Eftius en parlant du divorce, *hujus generis fuit ut non excufaret à culpâ fed tantum liberaret à pænâ*. Eftius dift. 33. fect. 9.

Après un argument auffi fort, auffi victorieux, vous dirai-je, Meffieurs, que les vrais Dépofitaires de la Tradition des Juifs ont toujours cru que le divorce ne rompoit point les nœuds du mariage ? Vous dirai-je, que le Prophéte Malachie bien éloigné de l'opinion de ces Rabins, qui ajouterent dans la fuite au Texte de la Loi, comme Jefus-Chrift nous en avertit lui-même, reprochoit avec force aux Juifs ces prévarications contre la Loi, pour la juftification defquelles ils ofoient invoquer la Loi même ? Oui, leur difoit-il avec indignation, cette femme que vous avez méprifée, n'en eft pas moins liée avec vous, en vertu d'une alliance dont vous n'êtes plus le maître. *Dominus teftificatus eft inter te & uxorem pubertatis tuæ quam TU DESPEXISTI ; & hæc particeps tua & uxor FŒDERIS tui*. C'eft pour cette raifon que le Seigneur rejette vos facrifices : *Non refpiciam ultra ad facrificium*. Vous en demandez la caufe, parce que vous croyez avoir pour vous la Loi : *& dixiftis quàm ob caufam ?* Apprenez donc que cette Loi du divorce, n'eft qu'une tolérance de la Loi civile qui ne rompt point les nœuds du mariage. Quiconque entreprend de les diffoudre, couvre fes vêtemens de l'iniquité la plus honteufe : *Cum odio habueris dimitte ; dicit Dominus Deus Ifrael*. Voila fur quoi vous fondez votre excufe. Ecoutez la Loi divine, écoutez la voix du Dieu Très-Haut : *Operiet autem iniquitas veftimentum ejus, dicit Dominus exercituum*. Cet homme qui abandonne fa femme

E ij

pour en époufer un autre ; (car c'eft le crime que le Prophéte reproche aux Juifs,) commet l'iniquité & fe fouille
aux yeux de Dieu. Cet abus vient chez vous d'une fauffe
interprétation de la Loi : *Laborare feciftis Dominum in fer-
monibus veftris.... in eo quod dicitis, qui facit malum bonus
eft in confpectu Dei.* Revenez à la regle. Ne renvoyez plus
vos femmes : *Cuftodite fpiritum veftrum, & uxorem ado-
lefcentiæ tuæ noli defpicere.* Malach. 2. 13. & fuiv.

Ajouterai-je encore ici, Meffieurs, que les Docteurs de
la Loi les plus éclairés ont toujours penfé que le divorce,
confideré même comme une fimple féparation, étoit contraire à la bonne police d'un état ; que c'eft dans la vûe
de le rendre plus rare & plus difficile, que les Commentateurs de la Loi imaginerent une foule de formalités qui
devoient accompagner le divorce à peine de nullité ? Sel-
den, dans fon Livre qui a pour titre *Uxor Hebraïca,* en
compte jufqu'à dix ; & S. Auguftin rendant raifon de ces
formalités, dans fon Livre 9. contre Fauftus, en apporte
cette raifon, *ut in diffidium animus præceps, libelli conf-
criptione refractus QUID MALI ESSET uxorem dimittere cogitaret.* Remarquez ces mots, *Quid mali effet* : ils
prouvent bien clairement, que même le *divorce féparation,* étoit regardé comme un mal aux yeux de ce S. Docteur ; à plus forte raifon étoit-il éloigné de penfer que le
divorce pût être une diffolution.

Ces moyens, Meffieurs, fuffifent pour convaincre par
les feules lumiéres de la raifon ; mais je vous ai annoncé
que je voulois encore convaincre le Chrétien, en lui pré-
fentant l'autorité de Jefus-Chrift.

Nous voici, Meffieurs, arrivés à la Loi de grace, &
fous cette Loi mon Adverfaire convient que le mariage
eft indiffoluble. Mais il prétend qu'il ne l'eft devenu qu'en
vertu d'un précepte nouveau & pofitif ; que Jefus-Chrift a
fait une nouvelle Loi, & que ce qui étoit jufte & permis
chez les Juifs, eft devenu injufte, & a été défendu aux
Chrétiens. Prouvons donc par l'Evangile que notre Maître n'a entendu que nous rappeller à un précepte naturel,
qui obligeoit les Juifs comme les Chrétiens.

Je vous ai déja fait obferver, Meſſieurs, que pluſieurs Docteurs Juifs avoient ſur le mariage, comme ſur tous les autres points de la Loi, corrompu le précepte par la Tradition. Quelques-uns avoient cru que le divorce autoriſoit à ſe remarier, & de cette honte devant Dieu, *abominabilis coram Domino*, que Moyſe avoit attachée à ces ſortes de mariage, ils avoient fait une flétriſſure purement humaine, dont l'opprobre diminua peu à peu par le grand nombre de ceux qui conſentirent à le porter. Il arriva donc qu'un grand nombre de maris & de femmes ſéparés par le billet de divorce ſe remarierent. Ce déſordre prouvoit la dépravation du cœur & non une Loi qui l'autoriſât. Tel étoit l'uſage des Juifs relativement au mariage, lorſque Jeſus Chriſt vint pour accomplir la Loi ancienne, retrancher l'abus que le Juif en avoit fait, & donner aux hommes une Loi nouvelle de grace & de charité.

L'Evangile nous apprend que les Phariſiens qui étoient les plus zélés des Juifs, & les plus éloignés du Chriſtianiſme, s'approcherent de lui pour l'éprouver, & lui demanderent s'il étoit permis à un homme de renvoyer ſa femme pour quelque cauſe que ce fût. *Licet homini dimittere uxorem ſuam quacumque ex cauſâ ?* Que leur répond Jeſus-Chriſt. Il rappelle les Juifs même auxquels il parloit à l'établiſſement du mariage. *Non legiſtis quia qui fecit hominem ab initio, maſculum & fœminam fecit eos, & dixit propter hoc dimittet homo patrem & matrem, & adhærebit uxori ſuæ, & erunt duo in carne una ? Itaque jam non ſunt duo ſed una caro. Quòd ergo Deus conjunxit homo non ſeparet.* Matth. 19.

Peſons, Meſſieurs, toutes ces paroles, & examinons-en l'eſprit. Premierement comme je vous le diſois tout à l'heure, c'eſt à des Phariſiens, c'eſt à des Juifs qu'il parle. Ce n'eſt pas tout ; il entend parler des mariages contractés dans la Synagogue ; aucun de ceux à qui il adreſſe ſes inſtructions, n'a reçu le Sacrement de mariage ; donc aucun de leurs mariages n'appartenoit à la Loi nouvelle. Cependant c'eſt de ces mariages des Juifs qu'il décide qu'ils ſont indiſſolubles. Donc ce n'eſt pas le Sacrement qui les rend indiſfolubles. Donc le mariage l'étoit avant l'établiffement du Sacrement. Donc il l'étoit fous la Loi de Moyfe, comme fous la Loi de grace.

2°. Mais s'il eft démontré par le texte, que c'eft du mariage des Juifs que Jefus-Chrift parle , lorfqu'il dit qu'il eft indiffoluble : qu'elle eft la raifon qu'il donne de cette indiffolubilité ? L'intention & la volonté du Créateur. Le but qu'il s'eft propofé. *Mafculum & fœminam fecit eos* ; il eût créé plufieurs femmes , s'il eût voulu qu'Adam pût rompre fes premiers nœuds. *Adhærebit*, ou felon le Grec , *adglutinabitur uxori fuæ* ; l'homme ne fera qu'un tout avec fa femme ; *Jam non funt duo , fed una caro*. Ce que Dieu a joint , que l'homme ne le féparе point : *Quod Deus cunjunxit , homo non feparet.* Il voit donc dans ces mots un précepte naturel pour les defcendants d'Adam. Si le mariage eft indiffoluble, c'eft que, dans l'intention du Créateur , l'homme & la femme ne doivent faire qu'un.

Si Jefus - Chrift eût voulu, Meffieurs, donner un précepte nouveau à fes Difciples , il auroit d'abord commencé par répondre à la queftion des Juifs : & comme ils le confultoient fur la Loi de Moyfe , il auroit répondu fur cette Loi , en leur difant , voilà les raifons pour lefquelles il eft permis de repudier fa femme ; enfuite adreffant la parole à fes Difciples , il leur eût dit : vous avez été appellés à une Loi plus parfaite & plus fainte. Le mariage diffoluble chez vos peres , fera indiffoluble parmi vous. Mais il parle aux Juifs ; il parle du mariage des Juifs , il parle aux Juifs qui le confultent fur ce qu'ils peuvent faire conformément à la Loi de Moyfe , felon laquelle ils ont été mariés ; & il les rappelle à la Loi dictée par le Créateur , loi feule conforme au but du mariage. Dira-t-on que cette Loi qu'il cite , comme ayant obligé même les Juifs , ait ceffé d'obliger l'homme au moment qu'il a péché?

Le Pharifien infifte , & une preuve que c'étoit bien fur l'intelligence de la Loi de Moyfe qu'il le confultoit, c'eft qu'il oppofe à la réponfe de Jefus-Chrift le texte de

Moyfe comme étant une dérogation à la Loi donnée à Adam. *Quare igitur Moyfes mandavit dare libellum repudii, & dimittere ?* Si ce que vous dites eft vrai, fi le mariage eft indiffoluble parmi nous & fous la Loi que nous tenons de nos Peres, pourquoi Moyfe nous a-t-il permis de donner le billet de répudiation, & de renvoyer notre femme ? Vous voyez que le Juif entendoit bien la réponfe de Jefus-Chrift, comme je l'explique, & comme elle doit être certainement entendue. Il ne prend point le change ; on lui a dit que le mariage eft indiffoluble fous la Loi de Moyfe, & il cite, pour prouver le contraire, le texte même de cette Loi.

Jefus-Chrift, vouloit-il établir un droit plus parfait & inconnu jufques-là ? Il eût répondu : je parle pour mes Difciples. Vous avez eu raifon, tant que vous n'avez eu pour guide que Moyfe ; mais je viens vous apprendre une vérité nouvelle. Non, Meffieurs, Jefus-Chrift, tient un langage tout différent. Moyfe, leur dit-il, a permis la féparation à caufe de la dureté de votre cœur ; mais il ne vous eft point permis par la Loi naturelle de renvoyer votre femme, hors du cas d'adultère ; & toutes les fois qu'un homme qui a renvoyé fa femme en époufe une autre, il eft adultère. Telle eft la Loi inftituée par le Créateur, *ab initio.*

Le mot de *dimittit*, qu'emploie ici Jefus-Chrift, ne peut fignifier qu'une fimple féparation, & la preuve, c'eft que Jefus-Chrift permet la *dimiffion* en cas d'aldultère : & que l'Eglife nous enfeigne que l'adultère ne rompt pas le lien du mariage. Donc fuivant la doctrine de l'Eglife, le Sauveur ne parle ici que de la féparation, & il enfeigne même, que cette féparation eft contraire à l'inftitution du mariage. C'eft un mal ; mais un mal que Moyfe a toleré, pour empêcher de plus grands maux. Donc fi la féparation de corps même étoit un mal, à plus forte raifon le diffolution du lien eft-elle un crime.

Mais voici, Meffieurs, quelque chofe de plus clair encore. Jefus-Chrift parle de ceux à qui il étoit permis de donner le libellé de divorce, lorfqu'il dit, que celui qui épouſe une femme ainſi ſéparée eſt adultère. Or il n'a jamais été permis aux Chrétiens de donner le libelle de divorce. Nous ne connoiſſons parmi nous de ſéparations forcées, que celles qui ſont prononcées en Juſtice conformément aux Loix. Donc c'étoit du Juif, que Dieu diſoit qu'il étoit adultère ſi, après avoir renvoyé ſa femme, il en épouſoit une autre.

Faites attention, Meſſieurs, je vous ſupplie, à cette phraſe, qui fait le principe dont part Jeſus-Chriſt : *Quod Deus conjunxit, homo non ſeparet.* Elle contient deux propoſitions. *Dieu a joint*, première propoſition. *L'homme ne peut point ſéparer*, ſeconde propoſitition. Mais obſervez que ces deux propoſitions ont le même objet. C'eſt ce que Dieu a joint, que l'homme ne peut ſéparer ; & c'eſt ce que l'homme ne peut ſéparer, que Dieu a joint. Or, queſt-ce que Dieu a joint ? Direz-vous que ce n'eſt que le mariage d'Adam ? Dans ce cas, Jeſus-Chriſt n'a donc dit autre choſe, ſinon que Dieu avoit joint le mariage d'Adam, & que l'homme ne pouvoit ſéparer ce mariage contracté quatre mille ans auparavant. Or ſi Jeſus-Chriſt a dit quelque choſe de plus, ſi ce raiſonnement ne peut lui être attribué ; donc c'eſt le mariage en général que Dieu à joint ; ce ſont tous les mariages contactés & à contracter, que l'homme ne peut disjoindre. Dieu a joint celui d'Abraham & de Sara, celui de Jacob & de Rachel, celui de tous les hommes de l'ancienne & de la nouvelle Loi ; il a joint celui du Juif notre adverſaire. Donc c'eſt en vertu de cette union que Dieu a faite lui-même, que le mariage eſt indiſſoluble. Donc ſous tous les états de la nature que vous avez ſi bien diſtingués, le mariage étoit indiſſoluble.

Oui, Meſſieurs, Dieu a fait le mariage ; Dieu a joint tous les époux, qui dans tous les ſiecles ſe ſont unis ; il les a joints, il eſt vrai, non comme Réparateur, non comme Sauveur ; car je vous ferai voir dans un moment, que ce n'eſt pas le Sacrement qui fait le lien ; mais il les a joints comme Créateur, comme Conſervateur du Genre-humain, comme Auteur & Fondateur de toute ſociété,

té, comme maître de lui impofer des Loix; & choifif-
fant celles qui font le plus conformes au but & au bonheur
de la fociété qu'il établit.

Le même Oracle du Sauveur fe trouve encore dans le
Sermon fur la montagne. Il y parle du Juif, puifqu'il y
parle de celui qui a le droit de donner un billet de divorce, & il dit que celui qui époufe une femme renvoyée, eft adultère; il dit que celui qui renvoye fa femme l'expofe à l'adultère. Voilà, Meffieurs, la Loi naturelle, la Loi fainte qui obligeoit les Juifs, lors mé-
me que la Loi civile toleroit les fépararions faites par
l'Ecrit de répudiation.

Je vous ai donc prouvé, Meffieurs, premierement que
fi le mariage étoit indiffoluble entre Adam & Eve, c'étoit
par fa nature même, c'eft que qui dit mariage dit lien
indiffoluble; & en effet s'il en étoit autrement, quelle
différence y auroit-il entre le mariage & le lien honteux
du concubinage? Le concubinage ne renferme-t-il pas
une efpèce de fociété & d'engagement? mais comme ce
n'eft pas là l'engagement que Dieu a fait, ce n'eft pas là
cette union parfaite du mari & de la femme qui fe donnent l'un à l'autre, & tout entiers & pour toute leur vie.
Demander donc pourquoi le mariage étoit indiffoluble
dès le commencement, c'eft demander pourquoi il étoit
mariage. Car il n'y a point de mariage dès qu'il y a
pouvoir de fe retirer; & cette fociété paffagere contraire
au bon ordre n'eft plus qu'un concubinage, auquel la
Loi civile a fagement fait d'attacher la honte & le mépris. Cette reflexion, Meffieurs, eft encore des Auteurs
des Conférences de Paris.

Je vous ai prouvé en fecond lieu, & cette vérité eft
une fuite de la premiere, que la Loi a fubfifté dans l'état
de la nature tombée, & qu'elle a même toujours été exé-
cutée par les dépofitaires des promeffes.

3°. J'ai prouvé enfin, que fous Moyfe & fous la Loi le
mariage avoit été auffi indiffoluble que dans les deux premiers états; je l'ai prouvé, & par le Texte même de la
Loi, & par le témoignage authentique de Jefus-Chrift.

F

'Auſſi, Meſſieurs, depuis Adam juſques à Jeſus-Chriſt, ne trouvons-nous pas un ſeul exemple de diſſolution d'un mariage valablement contracté. La ſeule ſéparation de ce genre eſt celle qui fut ordonnée par Eſdras, lorſqu'arrivé à Jéruſalem que l'on rébâtiſſoit, il obligea tous les Juifs à renvoyer les femmes étrangeres qu'ils avoient épouſées. Il le fit comme Juge & avec autorité : il décida conformément à la Loi civile des Juifs, non qu'un véritable mariage pût être rompu, mais qu'il n'y avoit point de mariage entre les Iſraélites & les femmes étrangeres qu'ils avoient priſes. On ſçait qu'elles étoient à cet égard les défenſes de la Loi des Juifs : toute alliance étrangere leur étoit interdite, & Eſdras en condàmnant les Juifs prévaricateurs à renvoyer leurs femmes, ne faiſoit que ce que vous faites tous les jours en déclarant nuls & abuſifs les mariages des Chrétiens contractés contre les Loix. Vous ne rompez pas un lien : vous déclarez qu'il n'y en a aucun.

Aux autorités, & de Jeſus-Chriſt & de Moyſe il m'eſt facile, Meſſieurs, d'ajouter le témoignage des Peres & des Docteurs, qui ſur le droit naturel de l'indiſſolubilité ſont unanimes. S. Auguſtin (a), S. Jerôme (b), S. Jean Chryſoſtôme (c), St Epiphane, (d), S. Thomas (e), Eſtius, tous Théologiens qui n'ont fait que recueillir les vérités que la Tradition a fait paſſer juſques à nous penſent, Meſſieurs, que c'eſt de droit naturel que le mariage eſt indiſſoluble. Les Auteurs des Conférences de Paris, qui ont réuni tous les monumens de la Doctrine des Peres ſur le mariage, examinent dans une Conférence particuliére ces importantes queſtions. 1°. Si le mariage eſt indiſſoluble de droit naturel, & 2°. S'il eſt indiſſoluble de droit divin, & ſur l'une & ſur l'autre queſtion, ils décident affirmativement, ils ſe fondent & ſur l'eſſence du mariage, & ſur l'autorité de l'Egliſe.

(a) Voyez les Livres contre Fauſtus, & les Traités de *Bono Conjugali*, *& de conjug. adult.* (b) *Epiſt. ad am,* (c) *Paſſim in Homel.* (d) *Hær.* 59. (e) *In Suppl. quæſt.* 67. art. 1.

Enfin je défie mon Adverfaire de citer un feul Auteur
Catholique qui ait ofé enfeigner cette étrange Propofition
que l'on n'a pas craint d'avancer à votre Audience, qui
ait dit, comme on vous l'a dit dans cette caufe, que le mariage a ceffé d'être indiffoluble au moment que l'homme
eft devenu pécheur.

Après ces autorités, Meffieurs, ai-je befoin de vous
ajouter que, quoique par les Loix de Rome encore Payenne
le divorce fût permis, les plus fages & les plus éclairés des
Romains, regardoient cependant comme blamable le fecond mariage de celui qui avoit renvoyé fa femme ? Sp. Ca-
bilius eft le premier qui, plus de 500 ans après la fondation
de la République, répudia fa femme pour en époufer une
autre : & que dit l'Hiftorien qui rapporte ce fait ? *Qui
quanquam tolerabili caufa motus videbatur,* REPREHEN-
SIONE TAMEN NON CARUIT *quia nec cupiditatem qui-
dem liberorum conjugali fidei præferri debuiffe arbitraban-
tur.* Val. Max. Liv. 2.

Quoi ! Meffieurs, voilà un Auteur Payen qui attefte, que
les Romains encore adorateurs des faux Dieux regardoient comme repréhenfible un divorce & un fecond mariage, dont le feul motif avoit été le défir légitime d'avoir
des enfans ; & l'on veut que Moyfe ce Légiflateur infpiré,
cet ami de Dieu qui lui parloit en face ait regardé comme
légitime ce que des Payens même trouvoient contraire à
la Loi générale naturelle.

Oui, Meffieurs, c'eft de droit naturel que le mariage eft
indiffoluble. Dieu l'a ordonné : les premiers hommes l'ont
crû : les Patriarches n'en ont jamais douté ; Moyfe a voulu
que les Juifs le cruffent, lors même que par une Loi civile il leur permettoit (a) la féparation ; enfin Jefus-Chrift
l'a décidé comme une vérité immuable & auffi ancienne
que le monde.

Mais, Meffieurs, fi le mariage eft indiffoluble de droit

_____

(a) *Non licebat Dei mandato fub lege Moyfis uxorem repudiare ;
fed propter duritiam cordis Judæorum illis permittebatur, ut majus malum evitaretur.* S. Thomas, Suppl. qu. 67. art. 3.

naturel, il ne doit donc point cette indiſſolubilité au Sacrement de la Loi nouvelle qui communique aux époux la grace du Réparateur. Eh! Comment le Sacrement rendroit-il le mariage indiſſoluble? Il eſt la grace & non le lien du mariage. C'eſt une derniere reflexion, Meſſieurs, qui va achever ma démonſtration. Et en effet, s'il eſt prouvé que le mariage eſt lien indépendamment du Sacrement, & que ce n'eſt pas comme Sacrement qu'il eſt lien, il ſera démontré que le mariage du Juif n'ayant de moins que les nôtres que le Sacrement qui chez nous bénit les époux, n'en eſt pas moins un lien & un lien indiſſoluble.

Je traite, Meſſieurs, une matiere que l'on ne peut toucher avec trop de précaution. Je vas peut-être vous préſenter des idées neuves; mais ſi elles ſont vraies elles ne ſeront point des nouveautés.

A Dieu ne plaiſe qu'en mettant ſous vos yeux des vérités évidentes, je veuille donner atteinte aux Loix certaines ſous leſquelles nous vivons: *les Loix*, diſoit M. Paſchal, *ſont juſtes parce qu'elles ſont Loix*: la théorie des principes ſur le mariage, peut donner des vûes aux Légiſlateurs; mais ſeule elle ne changera jamais rien à la pratique fondée ſur des Loix qui ont eu leurs motifs de ſageſſe & de prudence.

Je ſçai donc, Meſſieurs, & je conviens que chez nous & dans tous les Etats Catholiques, les époux ne peuvent être légitimement liés qu'en recevant le Sacrement & la bénédiction nuptiale. Les Loix des Princes Chrétiens ont décidé que le Sacrement, qui par lui-même n'eſt inſtitué que pour conférer la grace, ſeroit le ſigne néceſſaire & le ſceau auquel le Magiſtrat reconnoîtroit une alliance légitime.

Mais ce que nos Loix ne ſéparent point, eſt-il inſéparable & indiviſible? Eſt-ce par lui-même que le Sacrement lie? Et le lien n'eſt-il pas par ſa nature auſſi ſéparé du Sacrement, que l'eſt le contrat d'avec la grace, & la Loi civile qui préſide à l'union d'avec la Loi de Jeſus-Chriſt qui répand la bénédiction?

D'abord, Meſſieurs, j'ai une preuve de fait avouée par

notre Adverfaire, qui frappera tout efprit fenfé. Il n'y a
de Sacrement que dans l'Eglife Catholique. Ces canaux de
grace & de bénédiction font deffechés dans les Commu-
nions Eterodoxes, & ils n'ont jamais coulé chez les peuples qui ne connoiffent point Jefus-Chrift, ou qui le blaf-
phement.

Cependant qu'un Luthérien marié fuivant la Confeffion
d'Aufbourg vienne fe réunir à l'Eglife; qu'un Juif, qu'un
Infidéle même entre dans fon fein. Ils n'ont point reçu le
Sacrement de mariage; cependant on ne les remarie
pas, on ne leur confere point le Sacrement, on regarde
leur union contractée hors de l'Eglife, comme parfaite &
comme indiffoluble (a); Vous convenez vous-même que,
fi Mendel-Cerf fe faifoit Chrétienne, vous ne pourriez former de nouveaux nœuds, & que ceux que vous avez formés dans la Synagogue n'auroient pas befoin du Sacrement de l'Eglife pour acquerir la confiftence & l'indiffolubilité.

Donc l'Eglife même & l'Etat decident que les mariages des Infidéles contractés fuivant leurs Loix politiques
& civiles font de vrais mariages, & forment un lien.

Qu'eft-ce donc qui lie les époux l'un à l'autre ? C'eft,
Meffieurs, le Contrat naturel, auquel la Loi politique
& civile prefcrit la forme dont il doit être revêtu ; car
la Loi feule a le droit de prefcrire la forme des engagemens.

Que fait donc le Sacrement par fa nature, & confi-
déré fans aucun rapport avec les Loix des Souverains Catholiques ? Il confére la grace à deux époux, il les be-
nit, il répand fur eux cette influence divine qui les for-
tifie, qui les confole, qui les tourne vers Dieu; mais
par lui-même il ne fait rien autre chofe.

Chez nous, en vertu de nos Loix politiques, il fait

______

(a) Voyez fur l'indiffolubilité & la perfection du mariage des Infidéles, les Conférences de Paris, tom. 1. pag. 28 & 29. Elles citent
Innocent III. lui-même pour appuyer la validité du mariage des Infidéles.

plus ; car étant le fceau de l'alliance il forme même le lien , mais il eft certain qu'il ne le forme point par lui-même.

Et en effet s'il le formoit par lui-même , par-tout où le Sacrement eft conféré il y auroit mariage. Or il arrive tous les jours que l'on reçoit le Sacrement & que l'on n'eft point marié , pour avoir manqué à quelques-unes des formalités prefcrites par la Loi. Alors la bénédiction eft donnée en vain. Le Sacrement ne bénit rien , puifque le mariage , fur lequel il devroir répandre la grace ne fubfifte pas. Il eft donc vrai que la même Loi politique , qui chez les Chrétiens a voulu que le Sacrement fût le fceau & le figne de l'union , a marqué elle-même les conditions du mariage que le Sacrement devoit bénir , & a prévû les cas où le Sacrement même ne lieroit perfonne.

Je ne veux encore , Meffieurs , pour prouver cette grande vérité , que confulter la nature des Sacremens. Qu'eft-ce qu'un Sacrement ? Le figne fenfible d'une grace invifible. Or il eft inoui qu'en vertu d'une grace invifible on puiffe former une action , on puiffe exiger une dette. Cependant les époux ont des droits l'un fur l'autre ; ils contractent des obligations ; ils ont en certains cas action l'un contre l'autre. Dira-t-on qu'ils agiffent en vertu d'un Sacrement ?

Quand j'admettrois , Meffieurs , que le mariage convention eft ce figne fenfible qui opere la grace , il ne s'enfuivroit pas que le mariage ne fût lien que par le Sacrement feul ; ce feroit même tout le contraire : car il faudroit qu'il y eût mariage pour que le Sacrement fe formât.

Mais il ne peut pas même être vrai que le mariage *contrat* foit le figne fenfible de cette chofe invifible ; car par tout où il y auroit mariage , il y auroit Sacrement ; & il y auroit Sacrement chez les Hérétiques ; abfurdité à laquelle quelques Scolaftiques ont été conduits par leurs faux principes.

Il y auroit Sacrement même chez les Infideles, car le principe mene jufques-là , à moins que l'on n'aille jufqu'à dire avec d'autres Scolaſtiques, qu'il n'y a point de mariage chez les Infideles , & que hors du Chriſtianiſme l'union la plus chaſte, n'eſt qu'un concubinage criminel. Il eſt donc vrai que le mariage & le mariage très-légitime & très - valable , peut ſubſiſter indépendamment du Sacrement , & que par lui-même le Sacrement n'eſt pas un lien, mais une grace & une bénédiction répandue ſur le lien.

Voulez-vous , Meſſieurs , voir cette vérité prouvée par le Concile de Trente même ? Je ſai que pour tout ce qui regarde la diſcipline du mariage nous ne prenons point cette ſainte aſſemblée pour notre guide ; mais ſur le dogme du Sacrement de mariage rien n'eſt plus certain que ſa déciſion , & rien en même tems de plus conforme aux grandes vérités , que je viens de vous indiquer ſans avoir le tems de vous les developper.

Voici , Meſſieurs , les termes du Concile ; ils ſont de la derniere importance dans ma cauſe.

Matrimonii PERPETUUM INDISSOLUBILEM QUE *nexum primus humani generis parens divini Spiritûs inſtinctu pronuntiavit , cùm dixit* hoc nunc os ex oſſibus meis , & caro de carne mea ; quamobrem relinquet homo patrem ſuum & matrem & adhærebit uxori ſuæ , & erunt duo in carne unâ. *Hoc autem vinculo duos tantummodo copulari & conjungi Chriſtus Dominus apertiùs docuit , cùm poſtrema illa verba tanquam à Deo prolata referens dixit , Itaque jam non ſunt duo ſed una caro ; ſtatimque ejuſdem nexus firmitatem , ab Adamo* TANTO ANTE PRONUNTIATAM , *his verbis confirmavit* (a) Quod ergo Deus conjunxit homo non ſeparet. Voilà , Meſſieurs , le mariage dont parle le Concile : mariage *lien* , mariage indiſſoluble. Et tout de ſuite voici ce qu'il ajoute , pour expliquer la nature du Sacrement.

Gratiam vero quæ naturalem illum amorem perficeret & indiſſolubilem unitatem confirmaret conjugeſque ſanctificaret , ipſe Chriſtus venerabilium Sacramentorum Inſtitutor atque perfector ſua nobis Paſſione promeruit.

(a) *Conc. Trid. Seſſ.* 24.

Voilà, Messieurs, le mariage Sacrement. Quel en est l'auteur ? Jesus-Christ comme fondateur de la Loi de grace ; *Venerabilium Sacramentorum Institutor, suâ promémeruit Passione gratiam.* Au lieu que c'est Dieu Createur, Dieu Auteur & Conservateur de la nature qui a formé le nœud du mariage. Le Concile reconnoît que le mariage est lien avant d'être Sacrement ; le Sacrement lui donne la grace, il perfectionne l'union, parceque certainement la grace de Jesus-Christ perfectionne nos devoirs, en nous les faisant remplir de la maniere la plus digne de Dieu : mais ce n'est point le Sacrement qui forme l'union ; elle étoit indissoluble avant qu'il y eût des Sacremens de la Loi nouvelle ; *Matrimonii perpetuum INDISSOLUBILEM que nexum primus humani generis parens, divini Spiritûs instinctu, pronuntiavit.* A l'égard du Sacrement il ne fait point un lien, mais il le trouve, *indissolubilem nexum confirmat, conjuges sanctificat.* Confirmer n'est point former ; & ce nœud étoit *indissoluble* avant qu'il fût *perfectionné* par la grace : telle est la doctrine du Concile.

Oui, Messieurs, je ne crains point de le dire, il n'y a personne de vous qui, s'il a refléchi sur la nature du mariage, ne soit convaincu qu'il est lien & engagement par le consentement mutuel des parties, & qu'il est grace par le Sacrement de Jesus-Christ.

Mais l'indissolubilité est un mode du lien & non du Sacrement. C'est comme contrat & non comme grace, que le mariage est indissoluble. Or le Sacrement ne fait point par lui-même le lien : donc il ne fait point l'indissolubilité.

Direz-vous que le mariage est lien indépendamment du Sacrement, mais que c'est le Sacrement qui y ajoute le caractère d'indissolubilité ?

D'un côté vous n'avez ni raison, ni autorité pour justifier cette étrange proposition : & moi j'ai le Concile de Trente qui m'enseigne, que le *nœud est perpétuel & indissoluble* avant que la grace du Dieu Sauveur vienne le le sanctifier.

D'un

D'un autre côté, s'il est vrai que c'est le Sacrement qui
vient rendre indissoluble la convention & le pact naturel
que les deux époux ont faits conformément à la Loi publique ; que nos Canonistes osent donc enseigner, aux Pro-
testans qui se convertiront, cette horrible doctrine ; qu'ils
leur disent en recevant leur abjuration ; « vous venez de
» renoncer à vos erreurs aux pieds des Autels ; vous êtes
» rentrés dans le sein de l'Eglise : vous croyez n'avoir fait
» que sauver votre ame ; vous vous trompez : vous avez
» rompu tous les liens qui vous attachoient à votre épouse
» & à vos enfans ; vous avez acquis la liberté de violer des
» sermens que vous respectiez, tant que vos yeux étoient
» fermés à la lumiére. Si, dans la Communion que vous
» quittez, vous eussiez arbitrairement renvoyé votre fem-
» me pour en épouser une autre, vous auriez été univer-
» sellement blâmé ; vous eussiez même été puni par les
» Loix. Mais nous bons Catholiques, nous instruits de la
» pure Doctrine des Peres, nous vous apprenons qu'aujour-
» d'hui vous êtes libre de suivre le caprice de votre
» cœur, & d'abandonner la femme à laquelle vous aviez
» promis une fidélité éternelle. Cette séparation, cette
» dissolution cruelle qui peut-être doit couter tant de
» larmes à votre épouse, est un fruit de votre réconciliation
» avec l'Eglise. La raison en est décisive ; vous n'avez ja-
» mais reçu le Sacrement, qui ne peut se conférer hors de
» son sein. Dès-là votre mariage n'étoit point indissoluble.
» S. Ambroise a dit autrefois, le Concile de Meaux la re-
» pété après lui, *Baptismo solvuntur peccata, non conjugia*.
» Pour nous, nous donnons à votre abjuration un effet que
» n'avoit point du tems de S. Ambroise le Baptême de l'in-
» fidéle. »

Telle est cependant la conséquence de votre principe ;
conséquence naturelle & nécessaire ; mais conséquence ef-
froyable. Donc principe faux & révoltant.

Il doit donc demeurer pour constant, Messieurs, que le
mariage tire son indissolubilité de son essence, & non du
Sacrement. Donc par-tout où il y a mariage légitime, il
y a union indissoluble.

G

Or le mariage que Levi a contracté suivant les Loix Juives & le Rit de la Synagogue, est un mariage légitime. Il en convient lui-même. Donc dans la regle générale, donc de droit naturel & divin, donc suivant la Loi des Juifs elle-même, ce mariage est indissoluble. Donc il ne nous reste plus qu'à examiner si les motifs sur lesquels il se fonde, forment une exception en sa faveur; exception qui doit être bien clairement marquée par quelque Loi, puisqu'il s'agit de déroger à la plus ancienne de toutes les Loix.

SECONDE PROPOSITION.

Levy n'a en sa faveur aucune dérogation : il n'est point dans le cas d'aucune exception.

Les motifs sur lesquels l'Appellant se fonde pour prouver qu'il est aujourd'hui en droit de se remarier sont 1°. Sa Conversion & son Baptême. 2°. Le refus que sa femme fait de le suivre.

Ce qu'il y a de singulier, Messieurs, c'est qu'il est obligé de convenir que ni l'un ni l'autre de ces motifs, pris séparément, ne seroit suffisant pour autoriser le second engagement qui fait l'objet de ses vœux. Si Mendel-Cerf sa femme se faisoit Chrétienne, le refus qu'elle feroit d'habiter avec lui ne dissoudroit point son mariage.

D'un autre côté, si Mendel-Cerf consentoit de suivre Levy, elle pourroit conserver tout son attachement pour la Synagogue; le mariage qu'elle a contracté ne souffriroit pas la moindre atteinte.

Je commence donc par vous demander comment deux moyens qui, seuls & chacun en particulier ne peuvent pas faire le moindre changement dans votre état, doivent collectivement produire un effet aussi important que celui de la dissolution que vous demandez? Vous avez raison de recourir à l'autorité pour soutenir de si étranges paradoxes. Mais ce n'est pas assez pour me les faire croire, ce n'est pas assez du suffrage des Théologiens qui ont écrit depuis

Gratien. Il me faudroit une autorité infaillible. Eſt-ce donc un article de Foi que vous venez me préſenter ? Jéſus-Chriſt a-t-il revelé à ſon Egliſe que vous étiez le maître de rompre les nœuds qui vous attachent à votre légitime épouſe ? Non ſans doute, puiſque l'on me permet de plaider contre vous.

Mais ſi la diſſolution de votre mariage n'eſt pas un dogme, s'il m'eſt permis de m'élever devant cet auguſte Tribunal contre cette opinion que l'on voudroit aujourd'hui accréditer par un de ſes Arrêts, il m'eſt donc auſſi permis de démontrer que rien, j'oſe le dire, Meſſieurs, n'eſt plus contraire à la raiſon que le ſyſtème que l'on m'oppoſe. Si je ſuis en état de le réduire à l'abſurde, je ne crois pas que les ſuffrages que l'on m'a cités rendent le combat douteux entre nous. Il n'appartient qu'à la Foi de ſubjuguer notre entendement ; l'opinion des Théologiens peut, comme toute autre, être attaquée par la raiſon, & doit toujours céder à l'évidence claire & connue.

Qu'il nous ſoit donc permis, Meſſieurs, de la conſulter dans cette cauſe. Que l'on me diſe comment il eſt poſſible de concilier avec elle le ſyſtème de notre Adverſaire. Il a été baptiſé au mois d'Août 1754. Alors de ſon aveu ſon mariage n'a point été rompu. Ainſi Mendel-Cerf a conſervé ſes droits : le nœud a ſubſiſté après le Baptême tel qu'il étoit auparavant. Qu'eſt-il arrivé depuis ? Votre femme a refuſé de vous ſuivre. Je n'examine point ici ſi vous avez fait ce que vous deviez pour regagner ſon cœur, pour lui faire oublier & le mépris cruel dont vous avez payé ſa tendreſſe, & les déſordres qui ont profané le ſaint engagement que vous avez contracté avec elle. Peut-être me ſuffiroient-ils pour vous prouver que, même Chrétienne, elle ſeroit en droit de demander ſa ſéparation & l'obtiendroit de nos Loix. Mais je veux rejetter ſur Mendel-Cerf une injuſtice, qui vrai-ſemblablement eſt votre ouvrage. Que fait au nœud qui vous lie ce refus injuſte ? Votre Baptême, je le repéte, ne l'a point rompu ; le refus que fait votre femme de remplir ſes devoirs, aura-t-il plus de pouvoir ? Seul il ne donneroit aucune atteinte au mariage. Le détruira-t-il, parce qu’il eſt joint à une autre circonſtance, qui elle-même eſt auſſi incapable de le diſſoudre. Votre femme refuſe de vous ſuivre? N’êtes-vous pas l’un & l’autre ſous la protection des Loix? Qu’elle fût Chrétienne & quelle refuſât d’habiter avec vous, vous ſeriez en droit de l’y obliger; la loi vous indiqueroit des formes pour y parvenir, & viendroit à votre ſecours. Mendel-Cerf Juive n’eſt-elle pas ſoumiſe aux mêmes regles, ſujette du même Prince, juſticiable des mêmes Tribunaux? Vous avez donc des voies pour la forcer de revenir auprès de vous : & ſi le refus que fait une Chrétienne de ſuivre ſon mari ne peut jamais opérer la diſſolution de ſon mariage, je ne vois pas que le refus d’une Juive ait cet étrange privilège.

Ainſi, premier caractere de déraiſon dans votre ſyſtème : vos deux moyens diſtributivement ne peuvent pas même affoiblir l’obligation ; donc pris enſemble ils ne peuvent pas l’anéantir.

Second caractere de déraiſon. Pour que vous puiſſiez vous remarier, il faut que votre premier mariage ſoit rompu. Le ſecond engagement doit être précédé de la diſſolution du premier. Il faut donc que vous puiſſiez m’indiquer un inſtant où vous ſerez devenu libre : car de votre aveu, votre converſion ne vous autoriſe pas à avoir deux femmes. Si donc il vous eſt impoſſible d’aſſigner l’inſtant de votre liberté, il vous l’eſt également d’indiquer celui où vous pouvez épouſer un autre femme.

Or quel eſt le moment où votre premier engagement eſt rompu ? Eſt-ce celui ou Mendel-Cerf a refuſé de vous ſuivre ? Cela ne peut pas être : car il faut que vous conveniez que ſi dans ce moment même elle venoit vous rejoindre, vous n’auriez plus aucun prétexte pour vous remarier. Elle peut venir vous chercher juſqu’au pied de l’Autel où vous jurerez à une autre une fidélité adultere. Elle peut arrêter le Miniſtre par qui vous voulez faire bénir ces nœuds ſacrileges.

De-là il ſuit qu’il n’y a pas de moment où vous ſoyez libre, & que vous ne pouvez aſſigner d’autre inſtant à la diſſolution de votre mariage, que celuidans lequel vous en

contracterez un fecond. Ainfi le même point de tems réu-
nira & le premier & le fecond contrat ; ce fera vous feul,
ce fera votre volonté qui rompra votre premier engagement ; & le feul acte qui diffoudra ce traité naturel
& facré fera celui par lequel vous en deviendrez l'infrac-
teur.

Mais je foutiens, Meffieurs, que cette hypothèfe eft
impoffible. Je vas vous établir que dans ce moment même
Levy ne fera point libre, & je veux vous le démontrer
dans toute la rigueur géométrique.

Pour que Levy devienne l'époux d'Anne Thevard, il faut
deux chofes ; 1°. que Levy lui donne fa foi : 2°. qu'il
reçoive la fienne. *Je vous prends pour femme*, dit le mari :
mais le mariage n'eft point encore parfait jufqu'à ce que la
femme ait dit de fon côté : *& moi je vous prends pour
époux.*

Or jufqu'à ce que votre mariage avec Anne Thevard
foit parfait, Mendel-Cerf, de votre aveu, a la liberté de
revenir à vous, elle eft encore votre femme. Les droits
qu'elle a fur vous ne font point anéantis ; donc dans le
moment même où vous direz à Anne Thevard, *je vous
prends pour femme*, vous aurez encore Mendel-Cerf pour
époufe : elle peut après votre ferment proféré venir réclamer l'exécution de celui que vous lui avez fait ; donc voilà
un inftant dans lequel vous faites un ferment que vous
n'êtes pas encore le maître de garder. Vous avez une
femme : elle eft encore la moitié de vous même ; & vous
en prenez un autre.

Or, *ex conceffis*, pour que vous faffiez à Anne Thevart
le ferment de mariage, il faut que vous foyez *liberé* abfo-
lument de celui que vous avez fait à Mendel-Cerf ; donc
votre nouveau ferment fera une prévarication & un adultere. Seconde abfurdité inféparable de votre fiftême. Im-
poffibilité de faire précéder le fecond nœud par la diffolution du premier.

Inutilement me diroit-on que je divife ici ce qui ne peut
être divifé ; que lorfque l'on contracte un mariage le ferment que l'on fait fuppofe celui que l'on va recevoir ; que

fi la promeſſe de la femme ne ſuit pas ; celle de l'homme ne l'oblige point, & que celui-ci a donc fait ſans crime un vœu qu'il n'étoit point encore ſûr de remplir.

Prenez garde en effet, Meſſieurs, à la différence : il y en a une grande entre promettre çe que l'on n'eſt pas ſûr de tenir dans le cas où un obſtacle étranger rendroit impoſſible l'exécution de la promeſſe, & promettre ce que, dans l'état où l'on eſt, l'on ne peut & l'on ne doit point tenir. Cet homme à qui vous voulez vous comparer, eſt libre de tenir ſa parole, & vous ne l'êtes pas. Qui que ce ſoit n'a des droits ſur lui ; & votre femme, de votre aveu, conſerve tous les ſiens. Il n'eſt pas même téméraire, & vous êtes parjure. Le changement de volonté dans l'épouſe qu'il ſe promet peut le dégager ſans qu'on doive lui rien imputer, au lieu que pour vous, vous êtes lié par une chaîne que vous n'avez point briſée, & que vous traînez encore lorſque vous demandez de nouveaux liens. Ce ne ſont point là, Meſſieurs, des ſubtilités métaphyſiques, ce ſont des preuves gèométriques auſquelles je défie notre Adverſaire de répondre, à moins qu'il ne veuille faire admettre pour principe, que l'on peut prendre une femme dans le temps même que l'on ſe doit tout entier à une autre.

Mais à ces inconſéquences, dont il eſt impoſſible de me montrer la ſolution j'ajoute, Meſſieurs, un troiſiéme caractere de déraiſon d'autant plus frappant pour les Magiſtrats, qu'il tend à donner atteinte aux maximes les plus précieuſes à l'Etat, à l'Egliſe, à la foi Catholique ; à l'*Etat*, dont la Religion n'a jamais troublé l'harmonie ; à l'*Egliſe*, dont l'Empire doit s'étendre par tout l'Univers ſans donner atteinte aux loix des Empires dont elle fera la conquête ; *à la foi Catholique*, qui ne parviendra à éclairer les nations encore aveugles, que lorſqu'elles ſeront bien convaincues que ſa lumiere ne détruira chez elle que les vices, & ne changera rien à l'état des Citoyens.

C'eſt, Meſſieurs, un principe certain & inébranlable, c'eſt peut-être une vérité de foi, que Jeſus-Chriſt en annonçant au monde le myſtere de la Redemption, & en apportant aux hommes les moyens de s'en appliquer les fruits n'a rien voulu changer à leur état, à leur condition & à toutes les loix civiles qui n'étoient point contraires à la loi Naturelle. Les Princes ont conservé leur autorité & tous leurs droits sur leurs Sujets. Les maris ont gardé leurs femmes & ne leur ont été que plus fidéles. Les enfans ont continué de trouver dans les loix publiques le titre de leur légitimité, le droit à la protection & aux soins de leurs parens. L'esclavage même, ce droit odieux & si contraire à la liberté naturelle de l'homme, n'a point été détruit par la religion Chrétienne ; l'Apôtre nous l'enseigne formellement, & s'il a été aboli par la suite, la nature humaine doit cet avantage, non aux préceptes de l'Evangile, mais aux mœurs des Princes adoucis par sa doctrine.

Cette vérité a été enseignée par Jesus-Christ même, professée par ses disciples, présentée aux Empereurs par les premiers apologistes du Christianisme, comme la preuve la plus certaine de l'injustice des persécutions. Ce principe, Messieurs, est le fondement de nos libertés, c'est l'axiome dont découlent tant de maximes sacrées, dont vous êtes les dépositaires, & que vous ne pouvez abandonner sans trahir le Souverain.

Eh quoi ! Messieurs, dans le système de notre Adversaire la grace toute spirituelle du S. Baptême dérangera donc l'ordre des contrats & des conventions les plus saintes. Cette onction intérieure qui justifie le pécheur anéantira l'état du Citoyen ; & parce que vous êtes sanctifié il faudra que vous soyez parjure. Dans quelle dépendance, Messieurs, veut-on mettre nos loix ? Voulez-vous que la société ait à gémir des acquisitions que fera l'Eglise ? Que vois-je dans mon Adversaire ; ou plutôt qu'y veux-je voir ? Un membre de Jesus-Christ, un élu, un juste, un homme pénétré de reconnoissance, rempli de charité ; en un mot un enfant de Dieu & de l'Eglise. Mais toutes ces qualités si précieuses, si désirables, existeront dans son cœur, sans produire aucun trouble, aucune altération dans les rapports qui l'attachoient à l'état, à sa femme, à ses enfans, à sa famille. S'il en étoit autrement, Messieurs, je le dis en frémissant des conséquences d'un principe que l'on veut vous faire admettre, cette religion si sainte & si juste, cette religion qui est venue accomplir toute loi ; dont la morale n'est que la pratique la plus pure du droit naturel ; dont les maximes se concilient si bien avec les principes de tout gouvernement; cette religion que la politique des Souverains eût dû adopter quand la grace n'eût pas éclairé leur esprit & changé leur volonté; la religion de Jesus-Christ, Messieurs, seroit destructive de la société civile & contraire au sistême & à l'économie de tout gouvernement. Prenez-y garde, le systême que l'on vous présente met necessairement la sagesse des Souverains en contradiction avec leur piété, & ferme à la foi Chrétienne tout accès chez les peuples qu'elle n'a point encore éclairés.

Entrez, Messieurs, dans le conseil de l'un de ces Souverains, qui n'ont point encore vu l'aurore du jour qui nous luit ; Magistrats & Magistrats chrétiens, il vous sied d'avoir ces grandes vues. Supposons ce Prince instruit par quelqu'homme apostolique, convaincu de la vérité de la religion. Prêt à en permettre le culte dans ses états, il est occupé à confronter les loix & les usages de l'Eglise avec l'ordre qui regne dans la société civile, dont Dieu même l'a établi le chef. Il ouvre l'Evangile; qu'y voit-il? La soumission aux Princes recommandée à tous les Chrétiens, le respect pour les loix, l'horreur de l'adultere & du parjure, l'attachement aux parens, la fidélité aux conventions. Que désormais la loi de Jesus-Christ soit la loi de mon Empire, s'écrie-t-il avec transport. Un Ministre l'arrête. Oui, Prince, voilà ce qu'a dit l'Evangile, voila ce qu'enseigne le législateur des Chrétiens. Mais songez-y, dans ces derniers siécles des Docteurs particuliers ont ajouté à cette loi, & leur opinion est regardée comme une regle. Ceux de vos sujets qui auront reçu le Baptême seront libres de rompre les nœuds qui les attachent à leurs femmes, dès que celles-ci refuseront d'habiter avec eux. Tous les époux lassés l'un de l'autre auront un moyen sûr de contracter de nouveaux engagemens. Oui, Prince, la femme même assise avec vous sur le trône, du moment que vous aurez été régénéré par le premier Sacrement de cette religion, sera la maîtresse

de

de se retirer d'auprès de vous ; elle vous rendra une triste liberté qui lui donnera le droit de se procurer la licence la plus funeste à vos enfans. Voilà le désordre dans votre Empire, le deuil dans votre maison, le trouble dans toutes les familles : voilà le plus saint le plus inviolable des conrats dépendant de l'opinion des Théologiens de cette Religion ; dependant même de la volonté de ceux qui embrasseront ce nouveau culte. Quel motif puissant Messieurs, pour arrêter ce Prince, pour rendre inutiles ses desseins, pour faire avorter tout le fruit des travaux apostoliques.

Mais, Messieurs, allons plus loin, & continuons notre hypothèse. Ce Souverain sera-t-il arrêté par une opinion aussi contraire à ses droits ? Quel est l'Evêque, quel est le Docteur, quel est le Chrétien éclairé qui n'approuvât la conduite de ce Prince, si en embrassant & les dogmes & le culte de la Religion Chrétienne, il défendoit à ses sujets convertis de rompre dans aucun cas les hœuds indissolubles de leurs mariages légitimes ?

Allez donc jusqu'à soutenir que ce Monarque religieux seroit rebelle à l'Eglise, dans le moment même qu'il embrasseroit ses dogmes. Osez avancer qu'il excéderoit son pouvoir, en ne se croyant point lié par le Décret de Gratien. Dites qu'il vaudroit mieux que son peuple restât dans les ténébres de l'infidélité, que de voir ce Prince sacrifier à la bonne police de son Etat la prétendue autorité de votre décrétale.

Il est donc vrai, Messieurs, que l'opinion que l'on m'oppose ne tient point à la Foi. Or si elle est totalement étrangère à nos dogmes, je demande si tous les Souverains ne peuvent pas faire ce qui constamment seroit permis à ce Monarque néophyte ? Je demande en second lieu si les Cours Souveraines, dépositaires de leur autorité, doivent se croire obligées de déférer à une opinion aussi déraisonnable en elle-même, qu'elle est contraire & aux principes du droit naturel, & à la bonne police des états, & aux droits inaltérables des Princes sur la société civile de leurs Sujets.

Je vous ai démontré, Messieurs, & l'injustice & l'ab-

H

furdité , & les inconvéniens énormes de cette opinion. *Injuſtice* : elle eſt contraire au droit naturel , à la foi des contrats , à l'inſtitution , au but du mariage ; au ferment que ſe font les conjoints : *abſurdité* ; elle n'eſt fondée ſur aucun principe ; elle eſt un tiſſu d'inconſéquences. *Inconvéniens* : elle devient la ſource des abus les plus énormes , elle rend notre religion odieuſe aux Princes qui regarderoient ce paradoxe comme faiſant partie des vérités révelées.

De là , Meſſieurs , je tire une conſéquence. C'eſt que pour peu que le paſſage de S. Paul, dont la fauſſe interprétation a égaré quelques Théologiens, ſoit équivoque , il doit être expliqué par le droit naturel , & par les Loix ſaintes que je vous ai expoſées. Suppoſera-t'on en effet , qu'un génie comme Saint Paul , qui inſtruit & inſpiré par Jeſus-Chriſt a ſur-tout recommandé la ſoumiſſion aux Loix , a voulu que les eſclaves Chrétiens portaſſent leurs fers avec joye & avec ſoumiſſion ſous un maître infidele , ſuppoſera-t'on dis-je , que ce grand Apôtre ait voulu qu'un nœud que la Loi naturelle preſcrit & dont la Loi civile a toujours dicté les formes , un nœud dont lui-même nous enſeigne l'indiſſolubilité , ſoit dans aucun cas rompu par le Juif devenu Chretien ? Je le répéte donc , ſi le paſſage eſt équivoque , les Docteurs que vour m'oppoſez l'ont mal interprété.

Que ſera-ce donc , Meſſieurs , ſi je vous démontre que le ſentiment de Saint Paul eſt parfaitement conforme & à la Loi de l'inſtitution du mariage , & à la tradition venue d'Adam , & à la parole de Jeſus-Chriſt qui prononce que le mariage des Juifs eſt auſſi indiſſoluble que celui des Chrétiens. Ouvrons , Meſſieurs , le livre divin. Je combats ici pour la doctrine la plus pure & de Jeſus-Chriſt & & des Apôtres.

L'Apôtre parle du mariage en deux endroits de ſes Epîtres. Il parle du lien dans le ſeptieme chapitre de ſon Epître aux Romains ; & il traite dans le ſeptieme chapitre de la premiere aux Corinthiens , des devoirs des deux époux l'un envers l'autre.

Parle-t-il du nœud du mariage ? Voici , Messieurs ; comment il s'explique : (a) *Quæ sub viro est mulier vivente viro, ALLIGATA est legi : si autem mortuus fuerit vir ejus, SOLUTA est à lege viri. Igitur vivente viro vocabitur ADULTERA si fuerit cùm alio viro : si autem mortuus fuerit vir ejus LIBERATA est à lege viri.* Ici, Messieurs , point d'exception : la maxime est générale. La femme est *liée* à son mari par des chaînes que la mort seule peut rompre. En quelque cas que ce soit , si elle prend un autre homme elle est adultère. *Vocabitur adultera.*

Dans le septieme chapitre de la premiere Epître aux Corinthiens, Saint Paul ne parle plus du lien du mariage ; mais du devoir réciproque des époux. Et la preuve en est que sa doctrine commence par ces mots : *Uxori* (a) *vir DEBITUM, reddat similiter autem & uxor viro ; mulier sui corporis potestatem non habet sed vir , similiter autem & vir sui corporis potestatem non habet , sed mulier* Rien n'annonce là , Messieurs , que l'Apôtre aille traiter du lien du mariage ; tous les termes font voir qu'il n'entend faire rouler son instruction que sur le devoir conjugal. Il ajoute , *nolite fraudare invicem.* Voilà dans le peu de mots que je vous ai déja cités , la maxime générale & la Loi commune prescrite par l'Apôtre. Il n'est question dans ce chapitre que des devoirs , de la dette du mariage , de cette espèce de tribut auquel les époux sont obligés & que l'Apôtre désigne plus bas par le mot de servitude. Ils doivent s'y soumettre.

Il admet ensuite deux exceptions à la régle générale.

(a) La femme qui a un mari est liée à la Loi du mariage tant que son mari est vivant. S'il vient à mourir , alors elle est déliée ; si donc du vivant de son mari elle en prend un autre , elle mérite le nom d'adultere. *Rom.* 7.

(b) Que le mari rende à la femme ce qu'il lui doit, & que la femme en use de même à l'égard de son mari. Le corps de la femme n'est pas en sa puissance, mais en celle du mari ; de même le corps du mari n'est pas en sa puissance, mais en celle de la femme.

La premiere eſt celle d'un conſentement mutuel fondé ſur des motifs de piété. Car après avoir dit: (a) *nolite fraudare invicem*, il ajoute : *niſi forte ex conſenſu ad tempus ut vacetis orationi , & iterum revertimini in idipſum , ne forté tentet vos Satanas*. Telle eſt , Meſſieurs , la doctrine des cinq premiers verſets du chapitre·

A l'occaſion de ce conſentement mutuel auquel la piété peut porter des époux, il fait enviſager aux Chrétiens que ce devoir eſt un poids qui attache l'ame à la terre , & il leur conſeille de ne point ſe marier. *Dico autem non nuptis & viduis, bonum eſt illis ſi ſic permaneant ſicut & ego... Quod ſi non continent, nubant.* Voilà le conſeil diſtingué du précepte.

La ſeconde exception a la régle générale , qui preſcrit l'habitation commune , eſt , Meſſieurs , le cas du fidele qui ſe trouve lié à une femme infidele. Mais afin de faire voir que ce n'eſt qu'une exception au devoir général , il repete ici le précepte. Et après avoir dit : *non nuptis & viduis dico bonum eſt ſi ſic permaneant ſicut ego*, il ajoute; *Iis autem qui matrimonio juncti ſunt, præcipio non ego ſed Dominus, uxorem à viro NON DISCEDERE, quod ſi DISCESSERIT, manere INNUPTAM aut viro ſuo reconciliari, & vir uxorem non dimittat ; nam cæteris ego dico non Dominus.*

Voici donc le ſens de ces paroles : à l'égard de ceux qui ne ſont point mariés ou qui ſont veufs , je leur conſeille de reſter comme je ſuis ; c'eſt un état avantageux pour la piété : quant à ceux qui ſont mariés , ce n'eſt plus ici un conſeil que je donne , c'eſt un précepte du Seigneur, *præcipio, non ego ſed Dominus.* Que la femme ne ſe retire point d'avec ſon mari; ſi elle s'en retire, elle doit demeurer ſans ſe remarier , ou plutôt ſe reconcilier avec ſon mari ; que le mari de ſon côté ne renvoye point ſa femme : Voi-

---

(a) Ne vous refuſez point ce devoir l'un à l'autre ſi ce n'eſt du conſentement de tous deux, & pour un tems , que vous voudrez donner à la priére, mais enſuite revenez l'un à l'autre comme auparavant de crainte que le démon ne vous tente.

là la Loi du Seigneur ; ce que j'ai dit plus haut aux autres *cæteris* , ce n'est point un précepte mais un simple conseil, *nam cæteris ego dico , non Dominus.* (*a*)

Une observation importante que je vous supplie de faire c'est que l'Apôtre se sert ici du mot *discedere* , pour exprimer bien certainement une simple séparation d'habitation ; puisqu'il ajoute que la femme *quæ discessit* doit *manere innupta : uxorem à viro non DISCEDERE ; quod si DISCESSERIT , manere INNUPTAM.*

Suit l'exception dans le cas de la différence de Religion des deux conjoints , & l'Apôtre distingue : le conjoint infidéle consent-t-il d'habiter avec le fidele ? Qu'ils demeurent ensemble : car le fidéle sanctifie l'infidéle. Que si l'infidéle (*b*) veut se retirer, le fidéle est alors libre de se séparer : *Si quis frater uxorem habet infidelem , & hæc consentit habitare cum illo , non dimittat illam : & si qua mulier fidelis habet virum infidelem & hic consentit habitare cum illâ , non dimittat virum ; sanctificatus est enim vir infidelis per mulierem fidelem, & sanctificata est mulier infidelis per virum fidelem.* Jusqu'ici, Messieurs, il ne s'agit certainement que de l'habitation du mari avec la femme.

(*a*) Plusieurs Commentateurs de l'Ecriture rapportent ces mots , *Ego dico , non Dominus*, à ce qui suit & non au conseil que l'Apôtre a donné plus haut. Ils ne mettent qu'une virgule & non un point après *non Dominus*. C'est ainsi que S. Augustin lisoit le Texte , & il en conclut dans son Traité *de conjug. adult.* contre Pollentius , que l'Apôtre conseille au mari fidéle de demeurer avec sa femme infidéle qui y consent ; mais qu'il ne le lui ordonne point sous peine de péché ; cependant le mot *Nam* qui précéde *cæteris ego dico , non Dominus*, paroît prouver que cette phrase n'est que la suite de la précédente , & non le commencement de la seconde. Au surplus la ponctuation est ici indifférente ; car à quelque membre que se rapporte cette phrase , & soit que l'Apôtre ait voulu donner un Conseil ou un précepte au mari Néophite, le même S. Augustin enseigne formellement dans ce Livre, que dans le cas même de la discession de l'infidele, le mari fidele ne peut se remarier.

(*b*) Observez que l'Apôtre ne suppose pas même que la discession puisse venir du fidéle.

L'Apôtre ajoute : (a) *Quod si infidelis discedit, discedat : non enim servituti subjectus est frater aut soror in hujusmodi. In pace autem vocavit vos Deus.*

Quel est le sens de ces mots ? Rien de plus clair. Si le conjoint infidéle se retire, le devoir du mariage cesse. Le fidéle peut laisser aller celui qui l'abandonne, alors le mari Chrétien ou la femme Chrétienne ne sont plus assujettis à cette espèce de servitude : *servituti in hujusmodi.* Dieu nous a appellés pour vivre en paix.

Ces expressions si simples, si naturelles pour indiquer les devoirs du mariage, & la cessation de la servitude à laquelle ils obligent, signifient-elles donc que dès-lors les conjoints soient libres de se remarier à qui ils le voudront ? Leurs liens sont-ils rompus ? Entendre ainsi ce passage, c'est lui donner une interprétatiou forcée, c'est y voir ce que l'Apôtre ne pensa jamais.

1°. S. Paul ne parle point là de la rupture du lien ; il n'enseigne point que l'engagement soit anéanti ; qu'un second mariage soit permis : & un point aussi important méritoit certainement que S. Paul s'expliquât : il l'eût fait s'il eût cru les conjoints libres de se remarier.

2°. S. Paul ne le pouvoit pas même : il étoit trop bien instruit de la doctrine de son maître pour se croire en droit de délier des nœuds que la loi naturelle & la loi civile avoient formés. Il pouvoit, il devoit même instruire les Chrétiens sur des devoirs de conscience ; c'est ce qu'il fait dans ce chapitre : mais il ne pouvoit prononcer sur des engagemens que Jesus-Christ lui-même avoit déclarés indissolubles, & dont la dissolution eût troublé l'harmonie des états & donné atteinte aux Loix de l'empire que Jesus-Christ & ses Apôtres n'ont jamais voulu troubler.

3°. Dès qu'il est clair que dans tout le passage il ne s'agit que d'une séparation d'habitation, & d'une exception aux devoirs du mariage, dont l'Apôtre commence

______

(a) *Que si l'infidele se sépare, que le fidele le laisse aller, parce qu'un frere ou une sœur ne sont plus assujetis en cette rencontre. Dieu nous a appellés pour vivre en paix.* C'est ainsi que M. de Sacy traduit ce passage.

par faire une Loi, comment a-t-on pû entendre ces derniers mots d'une véritable diſſolution du lien?

4°. Le mot *diſcedere, diſcedat* dont S. Paul ſe ſert dans cette derniere phraſe eſt le même qu'il a employé plus haut pour exprimer une ſimple ſéparation d'habitation. *Dico uxorem à viro non diſcedere; quod SI DISCESSERIT MANERE INNUPTAM.* Or par quelle ſingularité veut-on que le même terme ſe prenne dans un ſens au commencement du paſſage, & dans un autre ſens à la fin? La ſaine Logique, Meſſieurs, & l'eſprit de juſtice preſcrivent une regle toute contraire à celle qu'ont ſuivi les interprétes que l'on m'oppoſe. Car où on voit le même ſigne, on doit juger la même choſe, & le même mot dans deux endroits repréſente dans l'un & l'autre la même idée, à moins qu'il ne ſoit évident que l'on a voulu l'employer dans un autre ſens.

Ici quelle preuve a-t-on que S. Paul après avoir fait ſignifier au mot *diſcedere* une ſimple ſéparation *à thoro*, ait voulu que ce même terme ſignifiât dans ſa ſeconde Propoſition une libération *à vinculo?* Il faudroit pourtant une preuve claire & évidente pour l'établir; d'un côté, parce que cette variation dans le ſens d'une expreſſion eſt contre la regle ordinaire & l'uſage commun; d'un autre côté, parce qu'il s'agit ici d'une exception à une maxime que l'Apôtre vient d'établir; enfin parce que dans le ſens de notre Adverſaire, il s'agit non-ſeulement d'une exception à la maxime générale ſur les devoirs du mariage dont parle l'Apôtre; mais qu'on veut même lui faire ſignifier une dérogation à la Loi de l'indiſſolubilité établie par Jeſus-Chriſt lui-même & enſeignée par l'Apôtre.

Quoi! Meſſieurs, on veut me prouver que Saint Paul a enſeigné qu'il y avoit un cas où le mariage n'etoit pas indiſſoluble; & l'on me produit un paſſage où il ne s'agit point de la diſſolution du lien! Pour l'y trouver on eſt obligé de changer le ſens d'un mot, nonſeulement contre ſe propre ſignification, car *diſcedere à viro* ne ſignifiera jamais que quitter ſon mari, & non en prendre un autre; mais encore contre le propre ſens que Saint Paul lui a donné dans le premier membre de ſa phraſe; *ſi diſceſſerit oportet manere innuptam!*

Mais, me dira-t'on, que fignifient donc ces mots qui forment le motif de la décifion de Saint Paul , *non enim fervituti fubjectus eft frater aut foror in hujufmodis ?* Ce qu'ils fignifient Meffieurs? Eh ! de quelle fervitude l'Apôtre a-t-il parlé plus haut ? Quelle eft la fervitude du mariage qu'il a exhorté les époux a remplir ? *Uxori vir DE-BITUM reddat , & fimiliter uxor viro.* Le mot *in hujuf-modi* ne fait-il pas voir clairement que Saint Paul parle ici de ce genre de tribut dont il s'eft expliqué plus haut ? Mais voulez-vous une preuve completre , que très-certainement le terme de fervitude ne s'entend point ici du lien du mariage ? C'eft ce qui fuit & que l'on trouve trois verfets plus bas ; *Unus quifque in quâ vocatione vocatus eft in eâ permaneat.* Que chacun refte dans l'état où il a été appellé. Il étend cette maxime à toute efpéce de lien , ne fût-il fondé que fur les Loix civiles , puifqu'il ajoute immédiatememement après cette maxime générale , *fervus vocatus es ? Non fit tibi cura.* Eh quoi ! L'Apôtre enfeigne que même l'efclavage civil n'eft point détruit par la grace du Baptême , & l'on veut que le lien naturel d'un mariage légitime foit rompu lorfque l'époufe infidele fe fe fépare de fon époux Chrétien !

Mais, Meffieurs , il femble que S. Paul ait lui-même prévu & voulu prévenir l'abus que l'on feroit de ce paffage. Après avoir établi fa doctrine fur les féparations de corps : il vient à parler dans les derniers verfets, du lien indiffoluble des conjoints; & voici comment il s'en exprime, *mulier alligata eft legi quanto tempore vir ejus vivit, quod fi dormierit vir ejus LIBERATA EST , cui vult nubat.* Obfervons ce terme, Meffieurs, *liberata eft* ; ce n'eft plus ici une *féparation,* c'eft une *liberation* n'eft pas une *difceffion* c'eft une *diffolution.* Je vous prouvois tout à l'heure l'identité de la fignification par l'identité des termes; je vous établis ici la différence des chofes, par la différence des expreffions. Plus haut & tant que l'Apôtre ne parle que des devoirs conjugaux , il défigne l'exception par ce mot fi fimple & fi clair *difcedere* ; ici il s'agit du lien , la rupture en eft marquée par cet autre mot auffi précis *liberata eft.* Nouvelle preuve & de la fauſſeté de l'interprétation avec laquelle on me combat, & de la clarté du véritable ſens que je viens de vous expoſer.

Oui, Meſſieurs, ce n'eſt point comme defenſeur de cette cauſe, c'eſt avec l'impartialité d'un Juge, c'eſt dans la vûe de m'inſtruire, que j'ai examiné le texte de l'Apôtre, daignez je vous ſupplie, & vous devez cette attention religieuſe à cette importante queſtion, daignez lire vous-même avec reflexion le chapitre que l'on m'oppoſe. Je m'en repoſe ſur vos lumiéres & ſur la droiture de votre eſprit : la conviction dont je ſuis pénétré, paſſera dans vos ames, vous demeurerez perſuadés qu'il n'y a qui que ce ſoit qui puiſſe prêter à l'Apôtre d'autres idées que celles que je viens de vous rendre.

Mais me dit notre adverſaire ; ce n'eſt pas moi qui interpréte Saint Paul. Je nomme mes interprétes : c'eſt Gratien, c'eſt Innocent III, c'eſt Eſtius, c'eſt le plus grand nombre des Théologiens & des Canoniſtes qui l'ont ſuivi. Vous vous élevez, me dit-on, au deſſus de la tradition & de l'uſage.

Que de réponſes, Meſſieurs, à cette objection ?

1°. Un principe certain & qui tient à nos précieuſes libertés ; c'eſt que l'Egliſe ne connoît du mariage que comme Sacrement ; le lien & les effets du lien appartiennent uniquement à la puiſſance civile. Le pouvoir de lier & de délier que Jeſus-Chriſt a confié à l'Egliſe, ne s'étend que ſur les ames, & n'a jamais produit un contrat ou une dette civile. Elle règle le rit du Sacrement, qui pour me ſervir des termes du Concile de Trente, *bénit & ſanctifie l'union naturelle des conjoints.* Elle confere le Sacrement, elle juge des diſpoſitions que l'on doit y apporter ; mais par elle-même elle ne lie point les conjoints, & ſi chez nous le Prêtre qui de droit divin n'eſt que le miniſtre du Sacrement, eſt encore le miniſtre & le témoin néceſſaire de l'engagement, il ne l'eſt qu'en vertu des Loix politiques & civiles des Souverains Catholiques. Ils pourroient, Meſſieurs, ôter à l'Egliſe la connoiſſance du lien qu'ils lui ont attribuée ;

& ne lui laiffer que celle du Sacrement qu'elle tient de Jefus Chrift, & l'on ne pourroit leur imputer aucune ufurpation.

Auffi de tous les réglements que l'Eglife a faits fur le mariage, de ceux même qu'elle a promulgués dans des Conciles, nous ne reconnoiffons pour Loix, que ceux qui fe trouvent dans les immortelles Ordonnances de nos Rois. Nous vivons à l'abri de cette maxime fondamentale, que l'Eglife univerfelle, que le Concile général même le plus réguliérement affemblé, le plus unanime, ne peut jamais donner la moindre atteinte au pouvoir de nos Souverains, ni faire fans eux des Loix civiles qui obligent leurs fujets.

Mais, Meffieurs, eft-ce donc ici l'autorité de l'Eglife qui m'eft oppofée? M'allegue-t'on le fruit de la délibération commune des premiers pafteurs? Une doctrine unanimement enfeignée comme tenant à la foi? Non, Meffieurs, je ne vois dans cet amas de fuffrages que l'on a cités contre moi, que l'opinion de quelques Docteurs particuliers. Pourquoi veut-on que je fois obligé de fermer les yeux? pourquoi veut-on que l'adhéfion à leur fentiment qui ne peut être ici l'effet de la conviction, devienne un acte de déférence? & que ce que je ne dois point à l'Eglife, je le rende à l'autorité de Gratien & d'Innocent III?

Ces Auteurs que vous me cités, ont-ils examiné la matiere? l'ont-ils traitée? Non, Meffieurs, tous ont déféré à un phantôme d'autorité dans une matiere ou une autorité réelle, mais étrangere à celle de nos Loix, n'eût pas dû foumettre leur adhéfion. L'ignorance avoit attribué à un Pere de l'Eglife l'opinion que vous défendez & qu'ont fuivie aveuglement les Canoniftes que vous invoquez. Une jufte critique a vangé ce grand Evêque de l'outrage qu'ils lui avoient fait; elle a détruit le fondement fur lequel les Théologiens modernes avoient édifié leur fyftème. Avant de vous indiquer, Meffieurs, la fource obfcure d'une erreur qui n'a fait que trop de progrès, permettez-moi de la confronter aux témoignages de l'antiquité. Qu'il nous foit permis d'examiner ce qu'ont penfé les Peres de l'Eglife fur cette importante matiere. Si leur fuffrage eſt entiérement en ma faveur, s'ils ont tous enſeigné comme la plus pure Doctrine de l'Apôtre, que dans le cas même de la diſceſfion de l'infidéle, le lien du mariage fubfiſte & le ſecond engagement doit être regardé comme un adultere ; j'abandonnerai ſans peine à mon Adverſaire cette foule de Théologiens Scholaſtiques qu'il veut prendre pour guides ; je l'inviterai même à les mettre dans la balance, & à faire tous ſes efforts pour leur donner un poids qu'il refuſe à S. Auguſtin, à S. Jerôme, à S. Ambroiſe ; en un mot, à ces génies profonds que l'Egliſe a toujours regardés comme les véritables dépoſitaires de la Tradition des Apôtres.

Je vous ai déja fait obſerver, Meſſieurs, que ſur l'indiſſolubilité du mariage dans tous les états par leſquels le genre humain a paſſé, il n'y a qu'une doctrine chez les Peres de l'Egliſe. C'eſt celle que je défends. Tous & S. Thomas après eux ont enſeigné que le mariage étoit indiſſoluble de droit naturel. Les Docteurs qui ſont venus enſuite, ne ſe ſont point écartés de cette Doctrine, parce que ſur cette queſtion ils n'avoient point à citer l'autorité de Gratien.

Ainſi une premiere preuve que l'opinion des Théologiens que l'on m'oppoſe eſt une erreur, c'eſt que pour lui donner quelque vraiſemblance, l'on eſt obligé de contredire un principe dont ils ont eux-mêmes reconnu l'évidence, & qui nous eſt atteſté par tous les Peres.

Vous vous fondez ſur S. Thomas, pourquoi oſez-vous diviſer ſon ſuffrage ? Il enſeigne l'indiſſolubilité du mariage dans tous les états de la nature ; & vous venez nous préſenter cette doctrine comme une erreur. Pourquoi voulez-vous que ce S. Docteur ſe ſoit trompé dans un ſentiment qui lui eſt commun avec tous les Peres de l'Egliſe, & qu'il n'ait eu raiſon, que dans une opinion qu'il fonde uniquement ſur l'autorité de Gratien & d'Innocent III ?

Mais allons plus loin. Laiſſons à l'écart le grand principe de l'indiſſolubilité ; n'examinons que la conſéquence que j'en tire ſur la queſtion qui nous diviſe. Voyons ce que les Peres ont penſé ſur l'effet que doit produire par rapport au lien la *difceffion* de l'infidéle. Voyons comment ils ont entendu le paffage de S. Paul que l'on m'oppofe. Je dis, Meffieurs, comment ils l'ont entendu ; car n'imaginez pas qu'ils ayent cru devoir l'interpréter. Ce Texte eft clair ; le faux Ambroife & Gratien après lui ne l'ont point expliqué. Ils y ont ajouté.

Saint Auguftin, Meffieurs, explique le mot de *difceffio*, employé par S. Paul, comme ne fignifiant qu'une fimple féparation de corps, le mariage auquel cette féparation pourroit donner lieu, eft felon lui un véritable adultere. Voici fes propres termes dans le Liv. 1. de Conjug. adulterinis. c. 18. *Difceffio fidelis ab infideli quam non prohibet Dominus præcepto legis, quia coram illo injufta non eft, prohibet Apoftolus confilio caritatis, quia infidelibus affert impedimentum falutis; non folum quia perniciofiffimè fcandalifantur offenfi, verum etiam cum in alia conjugia ceciderint ADULTERINIS nexibus colligati difficillimè folvuntur.*

Faites attention, Meffieurs, à ce paffage : obfervez d'abord que S. Auguftin ne fuppofe pas même que le fidele puiffe fonger à fe remarier, tant il eft certain que du tems de ce Pere on ne mettoit pas même en queftion l'indiffolubilité du lien dans le cas de cette *difceffion*. Et vous allez voir dans un moment que S. Auguftin défend expreffément au fidele abandonné par fa femme infidele, de contracter un autre engagement qui, tant que la femme vit, eft un véritable adultere.

Obfervez en fecond lieu que l'un des motifs qu'il donne à l'Apôtre S. Paul, c'eft que le Chrétien en fe féparant de fa femme infidele donneroit à celle-ci, non un motif mais un prétexte pour contracter un mariage adultere, *Adulterinis nexibus*. Or s'il étoit vrai, dans le fyftème de S. Auguftin, que la féparation dont parle S. Paul fût une véritable diffolution du nœud, le nouveau lien dans lequel le conjoint infidele s'engageroit, pourroit-il être jamais regardé comme un adultere ?

Vous n'allez pas jufqu'à prétendre que Mendel-Cerf doive refpecter un engagement que vous voulez vous même violer. Vous ne croyez pas qu'elle doive vous demeurer fidéle jufqu'à la mort, tandis que vous volerez dans les bras d'une autre. Elle eft donc libre dans votre fiftême, & elle l'eft parce que vous vous prétendez libre vous-même. Tout eft réciproque dans l'union, & tout doit l'être dans la dif-folution ; donc vous ne pouvez vous croire en droit de vous remarier, que vous n'admettiez dans votre épouse Juive le même pouvoir : or voilà S. Augustin qui décide que ce nouveau mariage feroit adultere : il a donc également prononcé contre celui que vous venez demander la per-miffion de contracter, & il la prononcé d'après l'Apôtre lui-même ; donc il n'a point cru que le mot *difcedat* em-ployé par celui-ci pût jamais s'entendre de la diffolution d'un mariage légitime.

Ce même Pere de l'Eglife va plus loin encore, il regarde le mariage contracté par des infidéles pendant qu'ils étoient dans les ténébres du paganifme, comme fi ftable & fi indif-foluble, qu'il enfeigne, comme une pratique conftante de l'Eglife, qu'on n'admet point au Baptême ceux d'entre les infidéles, qui pendant leur infidélité auroient époufé une feconde femme après avoir fait divorce avec la premiére, jufqu'à ce qu'ils aient repris leur premiére & unique époufe. Pourquoi cet ufage de l'Eglife ? Ecoutez S. Augustin : parce que le Seigneur attefte que ces feconds mariages ne font pas des mariages, mais des adultéres : *Quia hæc non conjugia fed adulteria effe Dominus Chriftus SINE ULLA DUBITATIONE teftatur.* Aug. de fid. & oper. c. 1.

Eh quoi ! Meffieurs, un engagement, qui fuivant la doc-trine de S. Augustin, eût été un obftacle au Baptême de Levi, deviendra donc le fruit de fa régénération ? Des nœuds adulteres qui lui euffent été interdits s'il fût demeuré Juif, qu'il eût été obligé d'abandonner s'il eût voulu être reçu dans le fein de l'Eglife, il tiendra de celle-ci la funefte liberté de les former ?

Mais, me direz-vous, S. Augustin ne parle que du con-joint infidéle : celui-ci n'eft point fait pour profiter de la grace de l'Eglife. Le fecond mariage eft un privilége accordé en faveur de la foi : *Privilegio in favorem fidei conceffo.* C'eft ainfi que s'expliquent les Docteurs : le conjoint infidéle demeure donc irrévocablement lié, le chrétien seul peut prendre une nouvelle épouse.

Oui, Messieurs, voilà ce qu'ont enseigné plusieurs des Théologiens que l'on me cite ; tant il est vrai que lorsqu'on s'écarte une fois de la tradition sainte, l'erreur que l'on est obligé de défendre, conduit ses partisans jusqu'aux absurdités les plus grossieres !

Ecoutez donc encore S. Augustin : c'est la raison qui parle par sa bouche, & qui invoque pour elle l'autorité de Jesus-Christ.

Ce grand Evêque traite cette question dans les deux livres qu'il écrivit à Pollentius, & qui sont intitulés, *de conjugiis adulterinis.* Pollentius avoit enseigné deux propositions que S. Augustin combat dans cet ouvrage. L'une que la séparation, dans le cas d'adultere, donnoit au conjoint la liberté de se remarier, & rompoit le lien. L'autre que l'infidélité de l'un des conjoints ne pouvoit jamais être pour le fidéle un motif de séparation, *quoad thorum.* Il nommoit cette infidélité la *fornication spirituelle,* qui selon lui n'étoit jamais un motif de discession ; il appelloit l'adultere la *fornication charnelle,* par laquelle il croyoit même le nœud du mariage détruit.

S. Augustin attaque l'une & l'autre opinion, & la premiere qui est encore celle des Théologiens Grecs, a été proscrite par l'Eglise Latine. Quelle est donc la doctrine de ce Pere dans ces deux livres, doctrine qu'il appuye sur l'autorité de l'Apôtre qu'il cite à chaque page ? Il enseigne, 1°. que l'adultere ne rompt point le nœud du mariage, 2°. Que la fornication spirituelle, ou l'infidélité de l'un des conjoints, peut donner lieu à la séparation d'habitation. Mais, ajoute-t-il, il n'est jamais permis, même dans ce cas, de se remarier : *Propter quod libet tamen fornicationis genus sive carnis sive spiritus, ubi & infidelitas intelligitur & dimisso viro non licet alteri nubere, & dimissa uxore non licet alteram ducere, quoniam Dominus nulla exceptione facta dicit, si uxor dimiserit virum suum & alii nupserit mœchatur ; & omnis qui dimittit uxorem, & ducit alteram, mœchatur,* Aug. de conjug. adult. lib. 1, c. 25.

S. Auguſtin décide ici bien clairement la queſtion qui
nous diviſe, puiſqu'il parle des circonſtances dans leſquelles
l'Apôtre permet au conjoint fidele de ſe ſéparer : *ſi infidelis
diſcedit, diſcedat ; non enim ſubjectus eſt frater aut ſoror ſervituti in hujus modi.* Tel eſt le paſſage ſur lequel ſe fonde
ce ſaint Evêque, pour prouver qu'il y a un cas où la diſceſſion peut être permiſe : or c'eſt dans ce cas là que ni le
mari ni la femme ne peuvent ſe remarier. Pourquoi ? parce
que la loi générale de Jeſus-Chriſt eſt ſans exception.

Quoi donc ! Si je vous force à convenir de la regle, vous
vous retranchez dans l'exception. Vous prétendez trouver
votre prétendue dérogation dans le paſſage de S. Paul,
dont parle S. Auguſtin. C'eſt, dites - vous, un privilége
accordé au conjoint fidéle, une récompenſe dûe à ſa foi :
& voilà une des plus grandes lumieres de l'Egliſe, voilà
S. Auguſtin lui-même, qui dans un ouvrage compoſé uniquement ſur cette matiere, dans un ouvrage où il n'a pour
objet que d'expoſer la tradition des Apôtres ſur le lien du
mariage, vient nous atteſter que la loi de l'indiſſolubilité
ne ſouffre aucune exception ; il ſe fonde pour le prouver ſur
le témoignage de Jeſus-Chriſt, il enſeigne comme une vérité conſtante, que l'Apôtre n'a voulu introduire aucune
dérogation.

Après cela, raſſemblez vos Docteurs, réuniſſez contre
S. Auguſtin cette foule de ſcholaſtiques qui ont voulu faire
un art de la ſcience ſublime de nos dogmes ; tirez de la
pouſſiere de l'Ecole les argumens les plus ſubtils ; accumu-
lez les volumes ; entaſſez les commentateurs : ce n'eſt pas
aſſez des Théologiens que vous m'avez cités ; vous n'avez
pas encore fait uſage de toutes vos forces ; qui ſçait ſi l'Ita-
lie & l'Eſpagne ne vous fourniront point encore quelques
Canoniſtes ? Tranquille & inébranlable en préſence de cette
multitude d'Adverſaires, je leur montrerai S. Auguſtin &
ils ſeront réduits au ſilence. Je m'écrierai avec ce Pere :
*Dominus, NULLA EXCEPTIONE FACTA, dicit, omnis
qui dimittit uxorem & ducit alteram mæchatur.* Oſez donc
accuſer ce grand homme d'avoir ignoré les maximes de
l'Egliſe, ou de les avoir altérées ; attaquez ſon erreur, ter-

raſſez cet ennemi redoutable. Mais prenez-y garde, il n'eſt pas le ſeul qui me prête aujourd'hui ſes armes.

On n'imaginera pas, ſans doute, que S. Jerôme ait aveuglément ſuivi l'opinion de ce Pere; on ne lui imputera aucune connivence. Liſez, Meſſieurs, ſon Epître *Ad Amandum* : elle renferme, ſur l'indiſſolubilité abſolue du mariage, les mêmes principes que j'ai puiſez dans S. Auguſtin. S. Jerôme eſt bien éloigné de trouver dans le *diſcedat* de l'Apôtre une permiſſion de contracter un ſecond mariage au mépris de la foi jurée à une première épouſe, puiſqu'il s'exprime en ces termes : *Omnes igitur cauſationes Apoſtolus amputans apertiſſimè definivit vivente viro adulteram eſſe mulierem, ſi alteri nupſerit.*

Origène s'éleve contre la prévarication de quelques Paſteurs, qui dans la crainte d'un plus grand mal avoient eu la lâche condeſcendance d'autoriſer un ſecond mariage dans le cas de la *diſceſſion* prévue par l'Apôtre : il parle d'époux qui n'avoient point reçu le Sacrement de mariage ; car pour ceux qui l'avoient reçu, jamais aucun Evêque n'a entrepris de les ſéparer ; mais que dit Origène : (a) *Jam vero* CONTRA SCRIPTURÆ LEGEM *mulieri, vivente viro, nubere quidam Eccleſiæ rectores permiſerunt, agentes* CONTRA ID QUOD SCRIPTUM EST *in quo ſic habetur*, mulier alligata eſt viro, quanto tempore vir ejus vivit, *& contra illud*, igitur vivente viro vocabitur adultera ſi fuerit cum alio viro... *Veriſimile eſt ad hanc accommodationem* CONTRA EA QUÆ AB INITIO SANCITA SUNT *deſcendiſſe, dum pejora formidant.* Voilà bien préciſément le motif de vos Canoniſtes, *dum pejora formidant,* la chute du fidéle, les blaſphêmes contre le Créateur : tout cela, ſuivant Origène, peut être un motif de ſéparation, mais alors même la loi divine défend de ſe remarier.

Obſervez, Meſſieurs, que dans la primitive Egliſe la diſceſſion n'étoit permiſe que dans deux cas ; dans celui de l'adultere & dans celui de l'infidélité. Dans celui de l'adultere, nul doute que le conjoint innocent ne pût de lui-même provoquer la ſéparation ; dans le cas de l'infidélité les uns croyoient que le conjoint fidéle pouvoit ſe ſéparer,

(a) Origen. in Math. 14. p. 647. &c.

& que l'Apôtre ne donnoit qu'un conſeil en preſcrivant la cohabitation, les autres croyoient que la cohabitation étoit de précepte, & que le conjoint fidéle devoit attendre la ſéparation & non la provoquer ; mais il n'en eſt pas moins vrai que l'on ne connoiſſoit que ces deux cauſes de diſceſſion. Or S. Epiphane (a) en combattant l'erreur de ceux qui reprouvoient les ſecondes nôces, enſeigne qu'elles ſont permiſes lorſque le conjoint libre a été ſéparé de ſa premiere femme par la mort de celle-ci ; mais non, lorſqu'il l'a été à *l'occaſion de l'adultere, de la fornication ou de quelqu'autre crime* (b). Pourquoi ce ſaint Docteur fait-il ici une regle générale de l'indiſſolubilité du lien dans tous les cas de ſéparation ? Quel eſt cet autre motif de *diſceſſion* qui ne peut jamais autoriſer un ſecond mariage, ſi ce n'eſt l'infidélité d'un des deux époux ? Pourquoi, ſi dans ce dernier cas l'Egliſe eût permis au fidéle ſéparé de ſe remarier, S. Epiphane n'eût-il pas cité cet exemple d'un ſecond mariage, en écrivant contre des hérétiques qui proſcrivoient même ceux qui étoient contractés par une veuve ? Il eſt donc vrai, ſuivant S. Epiphane, que de deux cas dans leſquels la *diſceſſion* eſt permiſe, il n'y en a point dans lequel l'Egliſe tolere un ſecond mariage ; il eſt donc vrai qu'elle a toujours regardé comme abſolument indiſſoluble le nœud ſacré qui lie les époux.

Tertullien encore catholique enſeigna la même choſe ; & il l'enſeigna du mariage même des infidéles. Il regardoit comme coupables les chrétiens qui ſe marioient à des femmes payennes, & il ſe faiſoit l'objection tirée du devoir qui oblige le chrétien à garder ſa femme infidéle. Il y a une grande différence, dit-il, entre garder une femme que l'on a déja & en épouſer une autre : *habet ille*, continue-t-il,

(a) Hæreſ. 59.

(b) Cui una uxor mortua non ſufficit, is, *cum divortium nequaquam ob fornicationem aut adulterium aut aliud crimen contigerit*, ſi jungatur ſecundæ uxori, aut fœmina ſecundo marito, non vituperatur à ſcriptura divinâ neque ab Eccleſiâ è vita æterna excluditur, *non ita tamen ut duas primâ ſuperſtite uxores habeat*, ſed ut primâ amiſſâ alteram ſibi legitimè, ſi ità lubet, adjungat.

K

en parlant de l'infidéle devenu chrétien, *PERSEVERANDI NECESSITATEM hic porrò etiam non nubendi* (a). Mais si, selon Tertullien, c'est une *néceſſité* au chrétien de perſévérer dans l'engagement qui le lie à un infidele, comment a-t-on pu vous dire qu'il pût être rompu par la diſceſſion que l'Apôtre autoriſe?

Je pourrois, Meſſieurs, vous citer une foule d'autres témoignages des Peres. Mais dans une cauſe de cette nature, eſt-ce à moi à les parcourir? Ne me ſuffit-il pas de défier notre Adverſaire de nous en produire un ſeul qui s'applique nettement au ſecond mariage, qu'il prétend autoriſer dans le Néophite abandonné de ſa premiere femme?

Le paſſage qu'il regarde comme le plus concluant en ſa faveur, eſt celui qu'il tire du Traité de S. Auguſtin *De fide & operibus*: ce ſaint Evêque perſuadé, comme je vous l'ai déja dit, que l'Apôtre n'avoit donné qu'un conſeil, & que la diſceſſion étoit permiſe dans le cas de l'infidélité d'un des deux époux, dit en parlant de l'époux fidéle. *Plus tenetur amore divinæ gratiæ quam carnis uxoriæ ; & ſine ulla culpa relinquitur ; membrum quod eum ſcandaliſat fortiter amputat* (b); mais, Meſſieurs, après vous avoir rendu exactement la doctrine de S. Auguſtin, doctrine conſignée dans un Traité fait *ex profeſſo* ſur les ſéparations, eſt-il néceſque je vous faſſe obſerver ici, que dans ce paſſage que l'on m'oppoſe comme déciſif, ce Pere ne dit pas un mot ni de la diſſolution du lien, ni du ſecond mariage de l'époux qui ſe ſépare? Il applique aux conjoints ce précepte de Jeſus-Chriſt qui nous oblige à nous arracher même l'un de nos yeux s'il eſt pour nous une occaſion de chute: *Membrum quod ſcandaliſat fortiter amputat.* Que ſignifient ces mots, ſi ce n'eſt un retranchement, un retranchement courageux, une ſéparation qui coute à la nature? Mais s'agit-il ici d'une nouvelle union? Jeſus-Chriſt avoit-il dit qu'en ſe privant d'un bras il fallût s'en donner un autre? S. Auguſtin le dit-il ici? Bien loin de l'imaginer, il ſuppoſe

(a) Voyez le ſecond des Traités de Tertull. adreſſés à la femme. c. 2.
(b) Aug. de fide & oper. c. 16.

l'époux fidéle trop élevé au-deffus de cette funefte fervitu- de de la chair, pour regretter cette fociété dangereufe. *Plus tenetur amore divinæ gratiæ quàm carnis uxoriæ.* Vous faites donc ici en expliquant S. Auguftin, ce que vous avez fait en interprétant S. Paul ; l'un & l'autre parle d'une féparation, & vous avez imaginé de nouveaux nœuds : tous les deux enfeignent que l'époux fidéle eft alors libre de la fervitude des devoirs du mariage, vous leur faites dire qu'il lui eft permis de fe ranger fous un nouveau joug. Vous ajoutez au texte des Peres, comme à celui de S. Paul, & dans l'une & l'autre explication vous allez directement contre la doctrine de l'Auteur qu'il vous plaît de commenter.

C'eft en fuivant la même méthode, Meffieurs, que notre Adverfaire a prétendu appuyer fon fyftème fur le témoignage de quelques Peres Grecs. Il a fait tous fes efforts pour s'appliquer le fuffrage de S. Chryfoftome. Ce que ce grand Evêque avoit dit de la féparation de l'habitation, de cette difceffion dont parle S. Paul, il affecte de l'entendre de la diffolution du lien. Il me fuffit donc de vous répondre que S. Jean Chryfoftome enfeigne partout l'indiffolubilité du lien. Parle-t-il de la femme que fon mari a renvoyée ? Il décide qu'elle eft encore fa femme ; *Nec mihi dicas ille ejecit, nam ejecta adhuc manet ejicientis uxor* (a).

Si le même Pere dans fon Homélie 19. confent qu'une femme fidéle fe fépare de fon mari infidéle qui voudroit la forcer de participer à fon impiété ; obfervez, Meffieurs, 1º. ; que dans cet endroit même, il n'enfeigne point qu'elle puiffe fe remarier. Obfervez 2º, que dans cette même Homélie, il pofe comme un principe immuable la Loi de l'indiffolubilité. Il commence par décider que fous quelque prétexte que les époux fe féparent, la Loi de Jefus-Chrift leur défend de contracter un autre engagement, tant que le premier n'eft point rompu par la mort naturelle.

Il ne faut pas cependant nous diffimuler, Meffieurs, que quelques paffages des Peres Grecs, ont quelquefois paru autorifer un ufage qui fembloit donner atteinte à cette maxime précieufe de l'indiffolubilité. Les Loix des Empereurs Grecs avoient approuvé le divorce dans certains

(a) Hom. 17. in Matth.

cas (*a*), & il faut avouer qu'ils avoient même regardé ce divorce comme une dissolution du nœud qui autorisoit les époux séparés à contracter un second mariage.

Cette Loi civile étoit certainement contraire à la Loi naturelle & divine qui prescrit l'indissolubilité. Mais elle étoit Loi de l'Empire. Il étoit donc naturel que les Evêques soumis au gouvernement des Grecs se contentassent d'instruire en secret leurs Diocèsains sur les obligations que leur imposoit la Loi divine, respectassent des reglémens revêtus du sceau de l'autorité souveraine, & ne soumissent point à la pénitence publique des seconds mariages adulteres devant Dieu, mais autorisés par la Loi du Prince.

Ce que quelques Peres Grecs disent sur la tolerance de de l'Eglise dans sa discipline extérieure, les Théologiens Grecs postérieurs l'ont mal entendu & mal expliqué: Ils ont cru voir une permission formelle, qui mettoit la conscience en sûreté, dans les textes des Peres qui n'étoient qu'un monument d'une tolerance extérieure, due au respect que les saints Evêques avoient pour les Loix de l'Empire.

Aussi voyons-nous, Messieurs, que tous les Evêques d'Occident, qui depuis que les débris de cette partie de l'Empire eurent passé sous la domination des Peuples du Nord ou de la Germanie, n'étoient plus dans la dépendance des Empereurs Grecs, continuerent de s'élever hautement contre cet abus autorisé par la loi civile. *Noli ergo uxorem dimittere*, disoit long-tems avant cette époque le grand S. Ambroise Evêque de Milan, *ne Deum tuæ copulæ diffitearis auctorem.... dimittis ergo uxorem QUASI JURE SINE CRIMINE, & putas id tibi licere quia lex HUMANA NON PROHIBET, sed DIVINA PROHIBET.... Pone si nubat, necessitas illius tuum crimen est., & conjugium quod putas, ADULTERIUM EST.* Ambros. in Luc. Lib. 5.

Les Evêques postérieurs à S. Ambroise conserverent cette précieuse discipline conforme à une Loi naturelle & divine, dont les Peres Grecs avoient eux-mêmes reconnu que l'autorité des Empereurs ne pouvoit dispenser.

Pour les Grecs qui vinrent après Justinien, ils chercherent à concilier les Loix de l'Empire avec la Loi de Jesus-

(*a*) Novell. 22. de nuptiis.

Chrift. Ils trouverent dans le paffage de l'Evangile fur la féparation dans le cas de l'adultere un prétexte pour autorifer la diffolution du nœud entre deux époux adulteres. Ils ne firent pas attention que l'infraction d'un contrat n'eft jamais capable de l'anéantir, & que la Loi du mariage étant une Loi divine & naturelle, les Princes qui s'en écartoient pouvoient bien fouftraire aux peines civiles l'infraction de cette regle primordiale ; mais que leur autorité n'alloit point jufqu'à en difpenfer le Chrétien.

Ce furent donc, Meffieurs, les Loix des Princes Grecs qui peu à peu apporterent dans la difcipline de l'Eglife Grecque le changement qui y fubfifte encore, & que l'Eglife Latine n'a jamais adopté ; de-là il fuit que quand vous pourriez m'oppofer ici le fentiment de quelques Théologiens Grecs fur la matiere que nous traitons, j'aurois droit de recufer leurs témoignages, & que la fauffeté du principe dont ils font partis, garantiroit celle de la conféquence qu'ils en ont tirée. L'adultere, ont-ils dit, rompt les liens du mariage, donc la perféize dans l'infidélité qui eft un adultere fpirituel doit avoir le même effet. On ne pourroit, Meffieurs, tirer de leurs fuffrages aucune induction pour prouver que l'adultere anéantit le nœud du mariage ; inutilement voudroit-on donc me les citer pour prouver que l'infidélité doit opérer une diffolution d'un nœud que l'adultere n'a jamais rompu.

Mais ce que je vous prie d'obferver, Meffieurs, c'eft 1°, que parmi les caufes de divorce énoncées dans les conftitutions des Empereurs Grecs, on ne trouve point l'infidélité de l'une des parties. 2°, que les Peres de l'Eglife Grecque n'ont point parlé de cette prétendue diffolution du nœud dans le cas de l'infidélité, & que s'ils ont enfeigné que l'on pût alors fe féparer du conjoint qui perfevère dans fon aveuglement, ils n'ont point dit que l'Apôtre permît au fidéle un nouveau mariage. 3°. Enfin que la doctrine de l'indiffolubilité abfolue, doctrine venue des Apôtres, a toujours été enfeignée dans l'Eglife latine, même dans le cas de l'adultère, & n'a été combattue, rélativement à la queftion qui nous devife, que depuis Gratien. Mais, Meffieurs, je tire

un nouveau moyen dans cette caufe des principes que l'E-
glife Latine a toujours oppofés à l'erreur des Grecs. En
effet le paffage de l'Evangile *fi quis uxorem dimiferit ex-*
ceptâ fornicationis caufâ, eft bien plus fufceptible de dif-
ficulté que celui de Saint Paul *fi infidelis difcedit, difcedat.*
L'ufage actuel de tout l'Orient & l'opinion du plus grand
nombre des Grecs, eft de permettre une feconde femme au
mari qui a renvoyé la fienne pour caufe d'adultère. Cependant l'Eglife Latine s'eft réglée dans fon interprétation
fur le grand principe de l'indiffolubilité abfolue, préfcrite
par la Loi naturelle & prononcée par Jefus-Chrift même,
ab initio non fuit fic. Comment feroit-il poffible qu'elle fe
fût écartée de ce principe en expliquant ce paffage de S.
Paul qui eft plus clair que le jour ? Quelle contradiction prêtez-vous aux Peres de l'Eglife Latine & à toute la
tradition de l'Occident ? Elle a cru fur la parole de Jefus-
Chrift même, que l'adultère fait ceffer les devoirs du mariage, & cependant elle n'a jamais jugé qu'il pût en diffoudre les nœuds. Elle a cru avec Jefus Chrift & avec Saint
Paul que l'infidélité de l'un des conjoints ne faifoit point
ceffer même les devoirs réciproques des deux époux, & vous
voulez qu'elle ait penfé qu'elle produifit un effet incom-
parablement plus fort, celui de la rupture du lien! Vous
voulez donner à l'erreur un effet que le crime ne peut
avoir.

J'abuferois trop long-tems, Meffieurs, de l'attention
que vous donnez à cette caufe, fi je voulois vous recueillir
tous les monumens de la tradition poftérieure à ces tems
lumineux, jufques auxquels il faut remonter pour trouver
les vrais fondemens de la difcipline. Je me contenterai
de vous dire que dans les huitiéme & neuviéme fiecle on
ne connoiffoit point encore ce motif de diffolution fur lequel fe fonde mon adverfaire. Le vénérable Bede qui
écrivoit dans le huitiéme fiecle, n'admettoit que deux caufes de féparation, mais n'en connoiffoit aucune qui auto-
rifât un fecond mariage du vivant de la premiere femme.
Permettez-moi de vous le citer encore avant que de venir aux tems où l'erreur que je combats a commencé à
s'introduire, *Una folummodo*, dit ce favant Anglois, *cau-*

fà eſt carnalis, fornicatio ; una ſpiritalis ; timor Dei ut uxor dimittatur ; ſicut multi religionis cauſâ feciſſe dicuntur. Nulla autem cauſa eſt, DEI LEGE, ut vivente ea quæ relicta eſt, alia ducatur. Bed. in cap. x. Marc.

La diſcipline de l'Egliſe de France étoit ſur ce point auſſi exacte & auſſi pure que celle de l'Egliſe de la Grande Bretagne ; le Concile de Frejus tenu en 791 , nous apprend cap. 10. qu'il n'y a qu'un ſeul cas où l'on puiſſe renvoyer ſa femme ; mais qu'il n'y en a point où l'on en puiſſe épouſer une autre de ſon vivant.

Il eſt donc prouvé, Meſſieurs, & par les maximes de l'Egliſe ſur le nœud du mariage, & par l'eſprit qui a regné dans ſes déciſions, & par le ſuffrage de ſes plus ſaints Docteurs, que le paſſage de S. Paul n'a jamais eu le ſens que lui a prêté Gratien. Venons à l'époque & à la ſource de cette erreur.

Dans le ſixiéme ſiècle un pieux Diacre avoit compoſé un Commentaire ſur les Epîtres de S. Paul. Dans cet ouvrage plutôt compoſé pour l'édification que pour l'inſtruction des fidéles, il inſera quelques opinions fauſſes qui lui étoient ſans doute particulieres. On y lit entr'autres erreurs, que l'on peut remarier le fidéle Néophite , lorſque ſa femme refuſe de ſuivre ſon exemple. Peut-être cet Ecrivain plus pieux qu'éclairé , crut-il que l'on faciliteroit par-là l'entrée de l'Egliſe aux infidéles. Il ne fit pas attention, qu'en acquérant au Chriſtianiſme quelques hypocrites, on le rendroit odieux aux Etats qui n'avoient point encore reçu la doctrine de l'Evangile.

Ce Diacre ſe nommoit Ambroiſe : ſon livre oublié long-tems, fut enſuite rétrouvé dans un tems où la critique n'avoit point encore éclairé les eſprits. L'équivoque du nom , la piété que reſpiroit l'ouvrage , le firent attribuer au grand Evêque de Milan : quelques autres qui n'y reconnurent point le ſtile de Saint Ambroiſe, ne ſe crurent pas pour cela diſpenſés de le donner à quelque Pere de l'Egliſe ; ils crurent qu'il étoit de Saint Gregoire le Grand.

Gratien embraſſa ce dernier avis ; Van-Eſpen dans ſon commentaire ſur le décret, nous apprend que ce compilateur attribua au Pape Saint Grégoire le paſſage du Diacre Ambroife ; que l'on ne connoît plus aujourd'hui que fous le nom de *l'Ambrofiafter* ou du faux Ambroife. Plein de refpect pour cette autorité , il compofa de ce paffage (a) fon canon *fi infidelis* 28. qu. 2.

Permettez-moi , Meffieurs , de vous citer les termes du canon de Gratien ; vous allez être à portée de juger fi on peut mettre le fentiment de *l'Ambrofiafter* en paralelle avec cette pure doctrine de l'antiquité dont j'ai effayé de vous raffembler quelques monumens .

Si infidelis difcedit odio Chriftianæ fidei , difcedat , NON EST *enim dimiffo peccatum propter Deum, fi alii fe copulaverit.* CONTUMELIA QUIPPE CREATORIS SOLVIT JUS MATRIMONII *circa eum qui relinquitur ; infidelis autem difcedens & in Deum peccat & in matrimonium,* NEC EST EI FIDES SERVANDA *quia propterea difcedit ne audiret Chriftum Deum effe Chriftianorum conjugiorum.*

Voilà , Meffieurs , dans ce peu de mots & une addition adultere faite au texte de l'Apôtre & deux principes auffi déraifonnables en eux mêmes qu'ils font contraires à toute la tradition.

L'Apôtre avoit dit *fi infidelis difcedit , difcedat.* Gratien ajoute *non eft peccatum fi alii fe copulaverit,* ce que Saint Paul n'a jamais dit , & ce que Saint Auguftin a regardé comme une erreur reprouvée par toute l'Eglife.

Saint Jerôme après avoir fait un détail des crimes les plus horribles, après en avoir rappellé (b) qui font frémir la nature , avoit enfeigné qu'ils ne pouvoient jamais donner atteinte au nœud du mariage ; avoit-il donc penfé que les forfaits les plus odieux, les défordres les plus abominables ne fuffenr point autant d'outrages au Créateur *contumelia Créatoris* , ou qu'ils fuffent plus excufables que le fu-

____

(a) Voici les propres termes de l'Ambrofiafter, *Non ratum eft matrimonium* QUOD SINE DEVOTIONE EST ac per hoc non eft peccatum ei qui dimittitur propter Deum fi alii fe junxerit, contumelia enim creatoris folvit jus matrimonii circa eum qui relinquitur , ne accufetur fi alii copuletur.

(b) Licet adulter fit, licet fodomita , licet omnibus flagitiis coopertus, & ab uxore propter hæc fcelera derelictus maritus ejus eft , ei alterum virum ducere non licet. Ep. ad Amand

nefte

nefte préjugé qui attache le Juif à l'écorce de la Loi & qui lui ferme les yeux fur les myftères qu'elle n'a fait qu'annoncer ? Non, Meffieurs, Saint Jerôme n'a jamais cru que la créature pût en outrageant le Créateur rompre les liens naturels qu'il a formés ; il étoit réfervé à Gratien de nous apprendre que le blafphême pouvoit autorifer le parjure.

L'Evangile nous enfeigne, tous les Peres nous ont dit que nous devons garder notre parole envers tous les hommes indiftinctement, que la fidélité dans les contrats eft un devoir naturel que la Religion fanctifie & qu'aucun prétexte ne peut nous engager à violer ; & voilà Gratien qui veut nous perfuader, fur le témoignage de *l'Ambrofiafter*, que l'on ne doit point garder la foi à un infidéle, *non eft fides fervanda* ; & dans quel contrat ; dans le contrat le plus facré, le plus inviolable, le plus folemnel, dans un contrat dont dépend l'état des Citoyens, & la bonne harmonie de la fociété. Cette maxime barbare n'a été que trop étendue, Meffieurs. La fuperftition n'a-t-elle pas voulu s'en fervir contre les Hérétiques ? Ne pourroit-on pas me citer des Docteurs qui ont cru que l'on pouvoit fans crime manquer de foi (a) à ceux qui réfufoient de fe foumettre à l'autorité de l'Eglife ? Que de fang a couté cette affertion funefte ! Que de Citoyens elle a enlevés aux Etats ! Dans combien de cœurs n'a-t-elle pas jetté la haine la plus forte contre une Religion fainte que l'erreur n'a que trop fouvent confondue avec le fanatifme de ceux qui croyoient la fervir ?

Eft-ce donc là, Meffieurs, la voix de l'Eglife ? Ai-je befoin de confronter ces maximes avec la tradition des Apôtres ? Eft-il néceffaire d'avoir recours à la révélation pour vous prouver la fauffeté d'un principe monftrueux que Gratien n'a point examiné & qu'il avoit cru trouver dans un Pere de l'Eglife ?

Innocent I I I. plus Jurifconfulte que Théologien, plus Théologien encore que judicieux critique, crut déférer à l'autorité de Saint Ambroife en foufcrivant au Décret de

(a) V. le Directoire de l'Inquifition.

T.

Gratien, il compofa fes deux décrétales de la maxime qu'il trouva établie dans cette compilation : elles fe trouvent l'une & l'autre dans le quatriéme livre des Décrétales. cap. *Quanto* & *gaudemus*. De divortiis.

Rien n'eſt plus dangereux, Meſſieurs, que de laiſſer une erreur s'accréditer fous le nom d'un grand homme ; les ames droites & timorées ne craignent point de pécher par un excès de foumiſſion & dans la crainte de manquer à ce quelles doivent à l'autoriré, elles fe laiſſent entraîner par l'opinion ; ainfi cette crainte religieufe qui nous eſt donnée pour conferver le dépôt , fait que fouvent nous craignons d'en écarter des doctrines étrangeres.

Voilà, Meſſieurs, ce qui eſt arrivé. Le fuffrage de Gratien , que l'on croyoit avoir copié faint Ambroiſe , celui d'Innocent III qui avoit aveuglément fuivi Gratien, entraînerent un grand nombre de Théologiens. Ceux qui fe déciderent fur l'autorité de ces deux hommes refpectables , firent le grand nombre. La plupart des Canoniſtes , tous les compilateurs plus accoutumés à copier qu'à étudier, entrerent dans cette route frayée. Ceux , au contraire, qui prirent la peine d'examiner la queſtion s'écarterent de l'opinion d'Innocent III pour s'attacher à la véritable doctrine de Jeſus-Chriſt & de S. Paul. Ils reſtituerent le paſſage de l'Apôtre à fon fens naturel. Ces derniers firent le petit nombre, j'en conviens, car vous favez que depuis le fiécle d'Innocent III juſqu'à celui de Léon X, on copia beaucoup, mais on étudia fort peu.

Dans la fuite la critique a éclairé par fon flambeau tous les recoins de cette antiquité plus revérée que connue. On a examiné les textes ; on a cherché à rendre les ouvrages à leurs véritables auteurs ; on a reconnu (*a*), on a prouvé que le commentaire, dont Gratien avoit emprunté les termes pour former le Canon , *fi infidelis* , n'étoit ni de Saint Ambroiſe ni de S. Grégoire, mais d'un Diacre qui n'avoit

(*a*) Les Conf. de Paris, To. 11. Liv. 10. Conf 4. 59. & Van Efpen dans fon Commentaire fur Gratien atteſtent que le paſſage attribué foit à S. Ambroiſe, foit à S. Grégoire, n'eſt ni de l'un ni de l'autre.

ni miffion ni autorité, ni même de grandes lumieres ; ainfi des trois auteurs aufquels les Canoniftes , qui étoient venus après Gratien , avoient attribué le fentiment qu'ils embraffoient, il ne refta que Gratien & Innocent III : car pour le faux Ambroife, autrement nommé *l'Ambrofiafter* , on ne lui fit plus l'honneur de compter fon fuffrage.

Par rapport à Innocent III , je ne crois pas, Meffieurs , que l'on ofât donner pour regles en France toutes les opinions de ce Pape : celle qu'il expofe dans les deux décrétales dont il s'agit ici, a même d'autant moins d'autorité qu'il ne fe fonda que fur le prétendu témoignage de S. Ambroife qui avoit trompé Gratien ; or ce prétendu fuffrage n'exifte point , & il eft aujourd'hui avéré qu'Innocent III auffi-bien que Gratien étoient tous les deux dans une erreur de fait que la critique a diffipée.

Quant au décret de Gratien, vous fçavez , Meffieurs, que cette collection n'a par elle-même aucune autorité. Ce Religieux ultramontain renferma dans fon recueil, avec plus d'exactitude que de choix, tous les Canons, toutes les décrétales que l'on connoiffoit vers le milieu du douziéme fiécle où il écrivoit, & s'il y comprit les fauffes décrétales d'Ifidore que l'on rougiroit aujourd'hui de citer, il put y inférer, à plus forte raifon, quelques paffages qu'il attribue à différens Peres de l'Eglife, & qui certainement n'avoient point été tirés de leurs ouvrages. Nous tenons pour principe à cet égard que tous les Canons renfermés dans le décret de Gratien, n'ont d'autre poids, que celui que leur donne l'autorité dont ils étoient émanés avant qu'ils euffent été renfermés dans ce recueil. Le compilateur n'en a aucune par lui-même ; ainfi, Meffieurs, c'eft à vous de juger de l'autorité que doit avoir le paffage de *l'Ambrofiafter* inféré dans le Canon *fi infidelis*.

Il faut cependant avouer, Meffieurs, que malgré la certitude de notre maxime fur le décret, & quoiqu'il foit inconteftable que cette compilation n'ajoute aucun dégré d'authenticité aux piéces qu'elle renferme, les Canoniftes poftérieurs peu inftruits de nos regles, & peut-être peu attachez à nos précieuſes libertés, ont copié aveuglément ce recueil qu'ils ont reſpecté ſans examen & ſans critique, comme renfermant les monumens les plus précieux de la tradition ſur la diſcipline.

De là tant de déciſions des Canoniſtes modernes, ſoit Eſpagnols, ſoit Italiens, tant d'opinions qui confondant les rapports qu'ont avec le même objet deux puiſſances qui ne peuvent jamais ſe gêner, ont attribué à l'Egliſe une autorité ſur les contrats civils, & prêté ſans le vouloir des armes contre le pouvoir légitime des Princes. Prendriez-vous, Meſſieurs, pour regle de vos jugemens les déciſions de tous ces Canoniſtes qui ont ſervilement tranſcrit les décrétales recueillies par Gratien ? Adopteriez-vous toutes leurs idées ſur le mariage ? Eh quoi ! les Canons même du Concile de Trente ſur cette matiére, ces Canons infiniment plus reſpectables que la décrétale d'Innocent III que l'on m'oppoſe, ces Canons n'ont point été reçus parmi nous : il a fallu que l'autorité Royale choiſît ceux qu'elle revêtiroit du ſceau de la loi, & l'on me viendra préſenter ici comme une regle une décrétale qui ajoute au texte de l'Apôtre, & un Canon de Gratien qui donne pour motif de ſa déciſion les maximes les plus fauſſes, des maximes qui dans des tems d'ignorance, ont allumé les flambeaux des diſcordes civiles ; des maximes que qui que ce ſoit n'oſeroit enſeigner en France ſans s'expoſer à l'animadverſion des loix (a)!

Où en ſerions-nous réduits, Meſſieurs, ſi ſur cette importante matiere, il falloit adopter aveuglément ce que le grand nombre des Théologiens & des Canoniſtes ont penſé ? dans quelles difficultés inexplicables ; diſons mieux, dans quels abîmes ſe ſont jettés ceux qui ont eu la témérité de paſſer la barriere immuable que Jeſus-Chriſt lui-même a reconnue entre les droits de la ſouveraineté temporelle, & le pouvoir tout ſpirituel du Sacerdoce accordé aux Apôtres? Croirez-vous, Meſſieurs, avec pluſieurs Scholaſtiques, qu'il n'y a point de mariage parmi les infidéles, & que cette

______

(a) Contumelia Creatoris ſolvit jus matrimonii..... infidelibus non eſt fides ſervanda.

union facrée ordonnée par l'auteur de la nature n'eſt hors de l'Egliſe qu'un infâme adultere, ou un concubinage honteux? Penſerez-vous avec le plus grand nombre des Canoniſtes étrangers, que l'Egliſe ſeule a droit de faire des empêchèmens dirimans au mariage; que c'eſt en vertu du pouvoir que J. C. lui a confié qu'elle connoit du lien? Croirez-vous qu'elle peut lier, les hommes par le plus ſaint des contrats, & les délier de la loi qu'il leur impoſe? Que c'eſt aux Evêques à punir les mariages clandeſtins & les témoins qui y ont aſſiſté (a) que c'eſt à eux qu'eſt reſervée la connoiſſance du crime d'adultere? Admettrez-vous enfin ce principe monſtrueux que je pourrois vous faire voir dans des conſultations de Canoniſtes, que l'Egliſe peut valablement lier par les nœuds du mariage deux perſonnes à qui les loix de l'Etat défendent de s'unir? *Les volontés des ſujets pour les mariages & les contrats ſont entre les mains du Prince*, diſoit S. Chriſoſtome (b); combien de fois l'ignorance & la témérité ont-elles donné atteinte à ce principe avoué par les Peres? Mais ſi dans ces ſortes de cauſes vous rejettez tous les jours le ſuffrage du grand nombre des Théologiens; ſi vous négligez les opinions pour ne vous attacher qu'aux regles; quelle confiance ne dois-je pas avoir dans une cauſe où j'ai commencé par vous montrer évidemment une loi naturelle, une loi primitive, une loi renouvellée par Jeſus-Chriſt même, une loi par conſéquent dont les opinions humaines ne pourront jamais étouffer la voix.

Oui, Meſſieurs, cette lumiere de l'Egliſe, toujours viſible & toujours indefeĉtible, cette lumiere qui nous fait voir dans tous les ſiécles, le dépôt inaltérable du dogme, conſervé juſqu'à nous, ne reçoit aucune altération de ces erreurs particulieres qui n'ont pour objet que la diſcipline. Je vous l'ai fait voir; le Concile de Trente a conſervé précieuſement le dogme de l'indiſſolubilité du mariage, & ſur la

______

(a) Conc. Trid. Seſſ. 24. c. 1. de reform. matr.
(b) Voyez les Conf. de Paris, To. 1. Liv. 1. Conf. 3. §. 2.

difcipline du mariage, il a adopté quelques opinions que nos loix ont toujours rejettées.

Ne croyez pas cependant, Meſſieurs, que depuis Gratien tous les Théologiens aient fervilement fuivi fon opinion : il fut dans tous les temps des hommes deſtinés à rappeller leurs contemporains à l'antiquité & à la pureté des maximes. Les grandes verités que je viens reclamer ont eu dans tous les fiécles des défenſeurs, des défenſeurs que l'Eglife n'a jamais condamnés, & auxquels même les premiers Paſteurs ont donné des marques honorables de leur approbation. Ils ont plus d'une fois vangé l'Apôtre Saint Paul de l'outrage que l'on faifoit à ſa doctrine.

Notre Adverſaire a mis au nombre des ſuffrages, fur lefquels il s'appuye, celui de Théophilacte qui vivoit au douziéme fiécle, mais il n'en a cité aucun paſſage. Je ne ſçai s'il a lu cet auteur avec attention. Je l'ai examiné, Meſſieurs, & je trouve que ce grand homme qui joignoit au caractere Epiſcopal toute la doctrine du Thélogien le plus profond, eſt abſolument oppoſé au ſiſtême de notre Adverſaire. Il entend le paſſage de S. Paul, comme l'avoit entendu S. Auguſtin ; ſelon lui le mot *difcedat* ne ſignifie qu'une ſimple féparation qui ne rompt point le lien : il explique ces termes, *non eſſe ſubjectum ſervituti in hujuſmodi,* d'une ſimple exemption des devoirs, mais il décide nettement que le nœud indiſſoluble ſubſiſte encore après la difceſſion : *Quæ verba,* dit-il (a), *ſi exactè difcutiuntur folum ſignificant quod in hujuſmodi DISCESSIBUS SEU SEPARATIONIBUS infidelis à fideli (infidelis conjugis à fideli conjuge, infidelis Patris à fideli filio, infidelis filii ab infideli patre, &c.) Nullus frater aut foror, (hoc eſt nullus Chriſtianus aut Chriſtiana) eſt ſubjectus SERVITUTI priori puta quâ filius tenetur Patri & è converſo, qua filia tenetur matri, & è converſo, QUA UXOR MARITO & è converſo : ſed hinc non convincitur quod fit SOLUTUM VINCULUM CONJUGALE, ſicut non SOLVITUR vinculum filiale aut paternum.*

Ainſi ſuivant Théophylacte la difceſſion de l'infidéle

(a) Théophil. in Ep. 1. ad Cor. cap. 7.

qui eſt pour le fidéle un juſte motif de ſéparation, n'emporte avec elle qu'une exemption de cet eſpèce de tribut que les époux ſe doivent l'un à l'autre, & que dans
la regle générale la converſion ne fait point ceſſer ; mais
cette ſéparation ne peut jamais donner un prétexte de ſe
remarier. Pourquoi ? parce que, *non eſt ſolutum vinculum
conjugale.*

Remarquez, Meſſieurs, que Théophilacte ne cite point
ici. Son ſentiment lui eſt propre. Il a diſcuté la matiere :
Quæ verba ſi exactè diſcuntiuntur. Il eſt cependant bien
informé de l'opinion contraire, dont il commence par rendre compte : il convient même que de ſon temps, cette
opinion étoit ſuivie par l'Egliſe Grecque dans ſa diſcipline ;
mais il ajoute que le ſentiment que les Théologiens qu'il
combat attribuent à l'Apôtre, n'eſt point clairemenr apperçu
dans le paſſage : *Paulus*, dit-il, *non appertè explicat talem
libertatem, ſed negat ſubjectum eſſe ſervituti in hujuſmodi.*
Théophilacte compare donc les opinions, & ſe décide pour
celle qui lui paroît la plus conforme au texte de l'Apôtre,
& à la tradition de l'antiquité.

Des auteurs, au contraire, que vous me citez, il n'y en
a pas un qui ait examiné. Tous ſe contentent de rappeller
le décret de Gratien, & les décrétales d'Innocent III ; cette
eſpèce d'autorité fait taire leur entendement & ſubjugue
leur eſprit. Raſſemblez donc vos auteurs, formez une troupe de tous ces citateurs aveugles, groſſiſſez cette nuée d'interprêtes, par laquelle vous avez voulu obſcurcir le texte
lumineux de l'Apôtre ; vous ne pourrez leur donner à tous
enſemble plus de poids que n'en ont le Canon de Gratien,
& les deux décrétales d'Innocent III. Mettez de l'autre
côté de la balance S. Auguſtin, S. Ambroiſe, S. Jérôme,
S. Epiphane, Théophilacte, joignez-y les Théologiens qui
me reſtent à vous citer, & décidez ſi vous l'oſez, que la décrétale d'Innocent III, l'emporte ſur toutes ces autorités.

Le Cardinal Caietan dédia ſes commentaires ſur les livres
ſaints au Pape Clement VII ; c'eſt dans ces Livres, Meſſieurs, que l'on trouve encore le paſſage de l'Apôtre expli

qué d'une fimple ceffation des devoirs, le Cardinal Caïetan y décide que même dans le cas de cette *difceffion*, le ma
riage demeure indiffoluble.

Au Concile de Trente cette matiere fut agitée dans
une Congrégation où l'on devoit préparer les réglemens
fur le mariage qui étoient enfuite examinés par les Peres.
Fra-Paolo nous apprend (a) qu'un Théologien courageux
s'oppofa au torrent de l'opinion. Pierre Soto embraffa
la défenfe de l'Apôtre fon maître. Pour expliquer le
paffage, il puifa dans les véritables canaux de la tradition & non dans ces ruiffeaux détournés, dont Gratien
voulut mêler les eaux aux fources les plus pures : Il fou-
tint que l'interprétation du Cardinal Caïetan étoit la
feule qui rendît le véritable fens de S. Paul & que l'indiffolubilité du mariage venoit de la Loi naturelle ; il in-
voqua l'ufage même de l'Eglife qui ne remarioit point les
Infidéles, & prouva que l'Apôtre n'avoit entendu parler
que d'une fimple féparation de corps & non de la diffolution du lien conjugal. Le Concile de Trente ne fit point
de décret contraire à l'opinion de Gratien ; mais il n'en fit
non-plus aucun qui la favorifât, ni qui rappellât la difpo-
fition de la Décrétale d'Innocent III ; & de-là il fuit du
moins évidemment, que les Peres de Trente ne regar-
derent point comme une erreur contraire à la Foi la maxime de l'indiffolubilité abfolue que je defends : car comme elle fut foutenue en plein Concile, elle eût été prof-
crite fi elle eût été une héréfie.

Si donc l'illuftre Pontife qui eft aujourd'hui affis fur le
Siége de Saint Pierre, dans le tems qu'il écrivoit comme
un fimple Docteur particulier, a cru devoir embraffer l'o-
pinion qu'il a vû appuyée fur la Doctrine d'Innocent III.
fon fuffrage particulier n'ajoute rien à ceux que vous m'a-
vez cités. C'eft Benoit XIV. lui-même, Meffieurs, que
je prendrois volontiers pour Juge en ofant attaquer l'opinion du Cardinal Lambertini. C'eft devant ce Pontife fi ref-
pectable, que je defendrois avec courage la maxime inal-

Carl Lambertini Oper. tom. 12. tr. de Synod. Diœf. l. 6.

(a) Fra-Paolo. Hift. du Conc. de Trente. Liv. 7.

térable

térable de l'indiſſolubilité du mariage. Je ſerois ſûr de vaincre en lui préſentant l'autorité de Saint Auguſtin & de tous les Peres. Il ſacrifieroit ſans doute à leur ſuffrage, il ſacrifieroit aux grandes vûes qu'il a pour la propagation de la foi, les anciens préjugés qu'il avoit puiſés dans l'Ecole. Trop grand pour tenir par l'amour propre aux opinions de ſa jeuneſſe, il ſe rappelleroit qu'il eſt aujourd'hui ſur le premier Siege de l'Univers & que c'eſt de là qu'il doit appeller à la Foi les nations Infidéles : que pour réuſſir dans ce projet apoſtolique, il doit les convaincre que la Loi de Jeſus - Chriſt ſe concilie avec le bon ordre de tous les Etats. Il applaudiroit, Meſſieurs, à nos maximes, il donneroit des éloges à votre zéle pour les conſerver dans toute leur vigueur : Ce grand Homme, vous le ſavez, Meſſieurs, ne confond point avec les dogmes ſacrés de notre Religion les ſiſtêmes chancellans & variables des Canoniſtes & des Théologiens ; ſa tolérance vraiment paſtorale, ne foudroye que l'héréſie connue, ne déteſte que le ſchiſme, ne recommande que la Charité, & laiſſe aux Docteurs leurs opinions. Celle de Gratien a été ſuivie, dites-vous, par le ſavant Cardinal Lambertini ; montrez-moi que la maxime que je réclame ait été proſcrite comme une erreur par le Pape Benoît XIV. montrez-moi qu'elle ait été condamnée par un Jugement de l'Egliſe Univerſelle ; faites-moi voir qu'elle ait été, une ſeule fois, réprouvée par un Concile, qu'on ait regardé comme hérétiques & les Peres qui l'ont ſoutenue, & Théophilacte, & le Cardinal Caietan & Pierre Soto qui l'ont défendue. Si vous ne pouvez aller juſques-là, ſi vous êtes forcé de convenir que je ne me révolte point contre l'Egliſe en attaquant votre opinion, la queſtion que nous traitons eſt donc du nombre de celles où le Juge doit faire uſage de ſa raiſon & ne chercher dans les ſuffrages, que les lumiéres & non l'autorité.

N'attendez pas de moi, Meſſieurs, qu'armé des grands principes que j'ai eu l'honneur de vous préſenter, défendus par ces vérités inaltérables que je puiſe dans l'Evangile, dans

M

l'autorité de l'Apôtre & dans la tradition des Peres, j'aille terraſſer l'un après l'autre tous ces Docteurs particuliers dont les noms ſont à peine connus hors de l'Ecole, & dont les ſiſtêmes peuvent fournir des objets de diſpute à la curioſité; mais non entrer dans les grands motifs de vos Arrêts.

M'arrêterai-je à réfuter les inductions que l'on veut tirer du prétendu uſage de l'Alſace? Eſt-ce donc à l'abus que j'attaque à venir ſe préſenter ici comme la règle qui doit me ſubjuguer?

Réſumons donc, en peu de mots, cette cauſe; la plus importante peut-être qui ſe ſoit préſentée devant vous depuis un ſiecle.

Je vous ai prouvé, Meſſieurs, par l'inſtitution même du mariage & par la premiere Loi du Créateur, que ce lien ſacré étoit indiſſoluble; je l'ai prouvé par ſa nature, par la parole de Dieu même, par la tradition conſtante des premiers hommes & des Patriarches, par la Loi de Moyſe, par la maniere dont Jeſus-Chriſt lui-même l'a expliquée, enfin par les témoignages des Apôtres & de leurs ſucceſſeurs.

C'eſt donc à Lévy à prouver qu'il eſt dans le cas d'une exception à cette règle. Or 1°. la nature même de la Loi n'en ſouffre aucune qui puiſſe être l'ouvrage des hommes. 2°. C'eſt à lui à établir l'exception. Que me préſente-t'il? Un paſſage de Saint Paul qui ne dit pas un mot ni de la diſſolution du lien, ni de la permiſſion de ſe remarier; un paſſage que je vous ai démontré ne pouvoir s'entendre que d'une ceſſation des devoirs du mariage.

Pour que ce paſſage pût former une exception à la règle il faudroit qu'il fût auſſi clair que la règle. S'il étoit équivoque, la parole de Jeſus-Chriſt & les principes de l'Apôtre lui-même devroient en fixer le ſens.

Mais il eſt clair & je ne crains point de réfutation ſur la reſtitution que j'ai faite de ce paſſage au véritable ſens, ſuivant lequel les Peres l'ont entendu.

Je veux maintenant ſuppoſer avec vous que ce paſſage peut préſenter deux ſens différens.

Vous devez au moins convenir, que si depuis Innocent III. grand nombre de Théologiens l'ont entendu comme vous, les Peres de l'Eglise avant Innocent III, & depuis lui plusieurs Théologiens Catholiques & savans l'ont expliqué comme moi, sans que leur sentiment ait jamais été réprouvé par aucun Concile, ni par aucun Jugement formel du Pape & des Evêques, encore moins par aucune de nos Loix.

De-là, Messieurs, quel est donc l'abus que l'on peut reprocher au Jugement de l'Official que je defends ? Me présente-t'on quelque Ordonnance de nos Rois dont je me sois écarté ? M'oppose-t'on des canons reçûs dans le Royaume & revêtus du caractère de la légiflation souveraine du Prince ? L'Official de Soiffons a pensé comme Saint Augustin, comme Saint Jerôme, comme Saint Ambroise, comme Saint Epiphane, comme le Concile de Meaux, comme Théophilacte, comme le Cardinal Caietan, comme Pierre Soto ; comparez les autorités dans une matiere où vous ne voyez point de Jugement de l'Eglise, & vous serez forcés de convenir qu'au moins l'Official de Soiffons a pris le parti le plus fûr.

De-là, Messieurs, une reflexion par laquelle je finis ; vous êtes en état de juger la question : Elle tient à nos Loix dont vous êtes les dépofitaires, elle est liée au bon ordre dont vous êtes les conservateurs ; mais craindriez-vous de prendre un parti fur une matiere que la Théologie Scholaftique a paru chercher à obfcurcir ? Prononcez qu'il n'y a point d'abus dans la Sentence : je vous ai démontré cette propofition, & en rejettant cet appel comme d'abus téméraire, vous laiffez à notre adverfaire la voye de l'appel fimple.

Si au contraire vous prononciez en faveur de l'appellant, fi vous déclariez abufive la Sentence qu'il attaque, vous décideriez nettement que le mariage eft indiffoluble dans certains cas ; vous rendriez un Arrêt dont les suites feroient également funeftes & à l'Etat & à la Religion, vous adopteriez le fentiment de quelques Théologiens ;

mais vous rejetteriez celui des Peres & celui des Docteurs qui les ont suivis ; vous ouvririez la porte aux abus les plus dangereux ; vous rendriez nos dogmes odieux à toutes les nations policées, qui craignent de troubler le repos des familles, & qui regardent comme précieux l'état & les droits des Citoyens.

Je ne crains donc pas, Messieurs, que vous décidiez contre moi, & que vous favorisiez la nouvelle passion de ce Néophyte; non, vous ne briserez point la barrière que la Sentence que je défends a mise entre lui & l'adultére. Il n'ira point armé de votre décision sommer de nouveau le Ministre des Autels de participer au sacrilége & à la profanation.

Mais, Messieurs, en est-ce assez ? Et ne devez vous pas assurer pour l'avenir le précieux dépôt d'une Loi sainte, d'une Loi si nécessairement liée avec la bonne harmonie de l'Etat, d'une Loi dont l'infraction, en attachant à l'Eglise par des liens perfides quelques profanateurs, jetteroit dans les familles le trouble, la perplexité, le désordre? Si vous hésitiez, Messieurs, eh ! comment punirez vous désormais la connivence abominable de deux époux, qui tous deux sans religion, & lassés l'un de l'autre, tireront au sort pour sçavoir qui des deux embrassera un culte étranger, & se procureront ainsi la liberté réciproque de contracter, l'un hors de sa patrie, & l'autre sous vos yeux même, des nœuds funestes à leurs enfans ? Tout doit être du moins égal entre l'horrible apostasie & cet aveuglement qui n'a pour cause que l'erreur & le préjugé. L'apostasie n'est-elle pas même beaucoup plus que l'infidélité, ce que Gratien appelle *Contumelia Creatoris*. Oui, Messieurs, si vous permettez à Levy de se remarier, vous devez le permettre à l'épouse d'un apostat. Je frémis des horreurs que j'envisage; mais peut-on craindre de trop allarmer votre religion sur des excès aussi monstrueux ?

Que Levy cesse donc, Messieurs, de se révolter contre la voix du pasteur, dont la charité voudroit le ramener

à la règle, & dont la condefcendance ne peut lui permettre le crime & la profanation. Quel autre intérêt que
celui de votre ame a pu engager M. de Soiffons à fe livrer au combat contre vous? Que lui importe que vous
foyez le mari d'Anne Thevard, ou l'époux de Mendel-
Cerf? Faut-il donc que tous les pas que vous faites, dans
cette carrière de grace & de charité, foient autant de
fcandales? Faut-il que l'Eglife qui a fouhaité de s'édifier de
votre converfion, n'ait acquis en vous qu'un enfant rébelle,
toujours prêt à vous élever contre vos maîtres dans la Foy?
Cathécumene, vous voulutes braver ce Pontife dont la
charité exigeoit, que vous pratiquaffiez la morale de l'E-
vangile, & qui ne paroiffoit vous écarter de l'Eglife que
pour vous rendre digne d'y entrer. Néophite, vous vous
foulevez contre un autre Pontife qui craint que vous ne
fouilliez votre ame par un adultére. Votre défenfeur vous
a comparé à ces Juifs, qui *effrayés de leur folitude, s'a-*
drefferent à Moyfe dans le défert. Il a eu raifon, vous n'i-
mitez que trop bien la révolte & l'indocilité de vos
peres.

Retournez à cette femme que vos défordres ont aigri.
Cherchez à regagner fon cœur ; rendez-lui nos dogmes
refpectables par le changement de vos mœurs. Qu'elle
apprenne à aimer notre religion, lorfqu'elle vous verra pra-
tiquer des vertus. C'eft par-là que vous fanctifierez votre
femme infidéle. Si la grace tarde encore à l'éclairer, que
vos priéres hâtent ce moment qui doit être l'objet de
vos vœux. Pourquoi faudra-t'il qu'alors elle vous retrouve
dans les bras d'une étrangère? Mendel-Cerf le fera-t-elle
pour vous, lorfque Chrétienne elle viendra réclamer des
droits, dont votre converfion ne l'aura point dépouillée,
& vous rappeller des nœuds que votre adultére n'aura
point détruits?

Pour vous, Meffieurs, vous ne connoiffez que l'empire de la règle. Je vous l'ai préfentée dans cette caufe ;
elle eft écrite dans la Loi Naturelle, dans l'Evangile, dans

cette Loi de grace; à laquelle Levy s'est soumis, & qu ne semble destinée qu'à perfectionner la raison, & à rendre l'homme plus heureux. Rendez à cette règle divine l'hommage que lui doivent des Magistrats Chrétiens. Hâtez vous de proscrire une tentative sacrilége, & que votre Arrêt soit à jamais un monument & de votre zéle pour les maximes de l'Eglise, & de votre attention à maintenir celles de l'Etat.

Monsieur SEGUIER, *Avocat Général.*

M^e. MOREAU, Avocat.

Le Queux le jeune, Procureur.

A PARIS.

De l'Imprimerie de Pierre Alexandre Le Prieur, Imprimeur du Roi, 1758.

On achevoit l'impreſſion de ce Plaidoyé, lorſque l'on a appris que celui auquel il ſert de réfutation ne ſeroit point imprimé. C'eſt une obſervation qui peut n'être pas inutile, dans le cas où le Juriſconſulte, chargé de défendre dans un Mémoire la cauſe de Levy, s'écarteroit du plan de défenſe qui a été ſuivi à l'Audience, & dans lequel le défenſeur de M. l'Evêque de Soiſſons a cru devoir ſe renfermer.

Le Public doit au reſte regretter que la modeſtie du défenſeur qui a plaidé la cauſe, l'ait privé d'un ouvrage dans lequel on admireroit des talens dont cette modeſtie même releve le prix. Ils ont été applaudis à l'Audience. M.ᵉ Loyſeau, dont le nom rappelle au Barreau, un de ſes plus grands Maîtres & de ſes plus profonds Juriſconſultes, vient d'annoncer dans cette queſtion d'éclat qui eſt un de ſes premiers eſſais, combien il ſera un jour digne de le porter. C'eſt un éloge qu'il mérite ; c'eſt un témoignage qu'un Confrère qui ne l'a connu que dans cette occaſion ſe croit obligé de rendre public ; il le prie de lui pardonner cette note, que peut-être n'eût-il pas permiſe, s'il en eût été prévenu.